Dorfmayr · Mistlbacher · Sator · Zillner

thema
mathematik

7

7. Klasse

Kompetenztraining

Gemeinsam besser lernen

Inhaltsverzeichnis

Zu diesen Abschnitten sind keine Aufgaben abgebildet, da sie keine Reifeprüfungs- und Lehrplan-Grundkompetenzen enthalten.

1. Grundlagen der Differentialrechnung

1.1 Der Differenzenquotient

| Ziel | Differenzenquotienten berechnen und interpretieren | AN-R 1.3 |

1

AN-R 1.3

Die Funktion f ist durch ihren Graphen gegeben.

Ermittle den Differenzenquotienten der Funktion f im Intervall [3; 7].

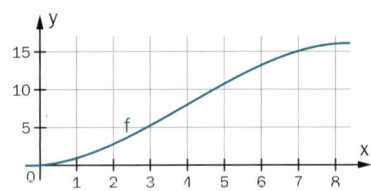

2

AN-R 1.3

Die Punkte A = (3|−2) und B = (5|4) liegen auf dem Graphen einer linearen Funktion.

Berechne die Steigung der Funktion mithilfe des Differenzenquotienten.

3

AN-R 1.3

Der Graph der Funktion g mit $g(x) = \frac{x^3}{2} - \frac{x^2}{2} - 3x$ ist gegeben.

Ermittle die Steigung der Sekante durch die Punkte A = (−1|g(−1)) und B = (3|g(3)).

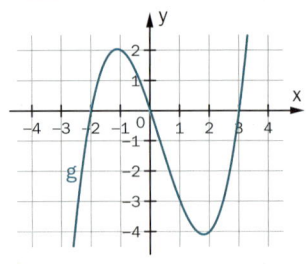

4

AN-R 1.3

Gegeben ist der Graph der Funktion f.

Bestimme ein Intervall [0; a], sodass der Differenzenquotient von f auf diesem Intervall gleich 0,6 ist.

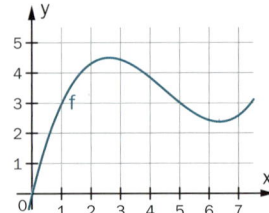

5

AN-R 1.3

Eine Funktion f besitzt folgende Eigenschaften:

· Im Intervall [−3; 2] beträgt die absolute Änderung der Funktionswerte 2.

· Der Differenzenquotient von f hat im Intervall [0; 4] den Wert −1.

Skizziere einen möglichen Graphen der Funktion f.

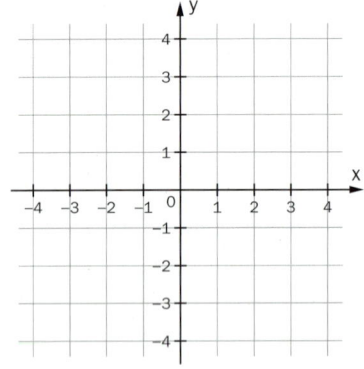

6

AN-R 1.3

Der Graph der Funktion f ist gegeben. Alle markierten Punkte besitzen ganzzahlige Koordinaten.

Kreuze die beiden zutreffenden Aussagen an!

Die mittlere Änderungsrate im Intervall [−1; 1] ist −1.	☐
Im Intervall [−1; 3] ist die Sekantensteigung größer als der Differenzenquotient in diesem Intervall.	☐
Der Differenzenquotient ist für jedes Intervall positiv.	☐
Die Steigung der Sekante im Intervall [−3; 3] ist gleich dem Differenzenquotienten in diesem Intervall.	☐
Es gibt mindestens ein Intervall, in dem die mittlere Änderungsrate negativ ist.	☐

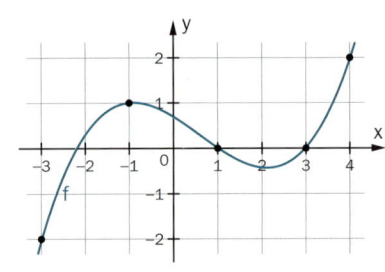

7

AN-R 1.3

Die Tabelle zeigt die Anzahl der Studierenden an der Johannes Kepler Universität in Linz.

Berechne und interpretiere den Differenzenquotient für den Zeitraum 2010 bis 2017.

Jahr	Studierendenzahl
2010	21 279
2011	22 134
2012	22 881
2013	22 858
2014	23 196
2015	23 425
2016	22 778
2017	22 549

Daten nach: https://www.linz.at (Stand: 15.12.2018)

8

AN-R 1.3

Eine Tasse Tee kühlt in einem Raum relativ rasch ab. In der Tabelle ist die jeweilige Temperatur T (in °C) in Abhängigkeit von der verstrichenen Zeit t (in min) seit der Zubereitung angeführt.

Berechne und interpretiere den Differenzenquotienten im Zeitintervall [1; 5].

t (in min)	T (in °C)
0	80
1	65
2	53
5	47
8	40

9

AN-R 1.3

In der Tabelle rechts wird dargestellt, wie sich in Österreich die Anzahl der Arbeitslosen Ende September im Zeitraum 2012 bis 2017 verändert hat.

Berechne die mittlere Änderungsrate für den Zeitraum 2015 bis 2017 und interpretiere den Wert im gegebenen Kontext.

Jahr	Anzahl der Arbeitslosen
2012	294 922
2013	335 661
2014	369 043
2015	322 212
2016	323 239
2017	302 843

Daten nach: https://www.vienna.at (Stand: 11.12.2017)

10

AN-R 1.3

Die Abbildung beschreibt, wie sich die Anzahl der Erkrankten bei einer Grippeepidemie mit der Zeit verändert.

Berechne den Differenzenquotienten für das Zeitintervall [0; 4] und interpretiere ihn!

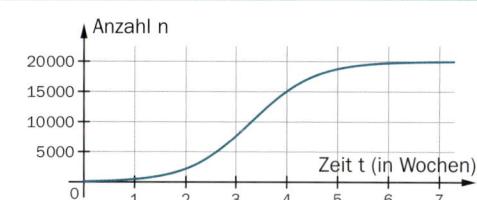

11

AN-R 1.3

In der Tabelle ist die Weltbevölkerung im Zeitraum von 1980 bis 2010 angegeben. Durch die Zuordnung *Jahr ↦ Weltbevölkerung in Mrd.* wird eine Funktion festgelegt.

Berechne $\frac{W(2010) - W(1980)}{2010 - 1980}$ und interpretiere den Wert im Kontext!

Jahr	Weltbevölkerung in Mrd.
1980	4,45
1990	5,32
2000	6,13
2010	6,92

12

AN-R 1.3

Ein Pool wird mit Wasser gefüllt. Die Funktion h beschreibt die Höhe des Wasserstandes im Becken (in m) in Abhängigkeit von der Zeit t (in h).

Interpretiere den Term $\frac{h(4) - h(0)}{4}$ im Kontext!

13

AN-R 1.3

Ein Fallschirmspringer springt aus einer Höhe von ca. 1 500 m ab. Seine Geschwindigkeit nimmt bis zum Öffnen des Fallschirms immer weiter zu und wird durch die Funktion v beschrieben: $v(t)$ ist die Geschwindigkeit t Sekunden nach dem Absprung in m/s.

Interpretiere den Term $\frac{v(4) - v(2)}{4 - 2}$ im gegebenen Kontext.

1.2 Vom Differenzen- zum Differentialquotienten

Von der Sekantensteigung zur Tangentensteigung

| Ziel | Differenzen- und Differentialquotienten als Geradensteigungen deuten | AN-R 1.2, 1.3, FA-R 2.4 |

14

AN-R 1.2

In der Abbildung sind eine reelle Funktion f, sowie zwei Geraden g und h gegeben.

Kreuze die beiden zutreffenden Aussagen an!

g ist eine Tangente an f im Intervall [3; 8].	☐
g ist eine Sekante an f im Intervall [3; 8].	☐
h ist eine Sekante an f im Intervall [3; 14].	☐
h ist eine Tangente an f an der Stelle 14.	☐
g und h haben an der Stelle 3 die gleiche Steigung wie die Funktion f.	☐

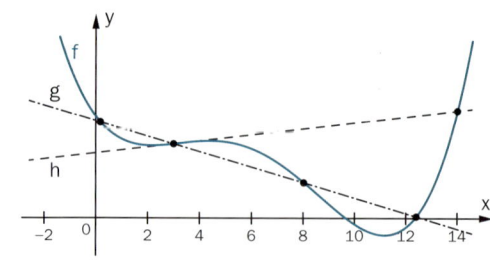

15

AN-R 1.2

Die Funktion f ist durch ihren Graphen gegeben.

Ermittle näherungsweise den Differentialquotienten der Funktion f an der Stelle $x = 2$.

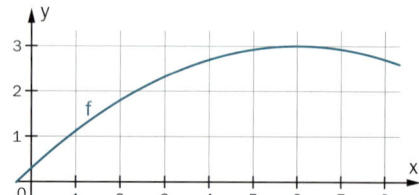

16

AN-R 1.2

Gegeben ist der Graph einer Funktion f.

Kreuze die beiden zutreffenden Aussagen an!

Der Differenzenquotient im Intervall [−6; 8] ist negativ.	☐
Der Differentialquotient an der Stelle $x = 5$ ist positiv.	☐
Der Differentialquotient ist für $x = 1$ größer als für $x = 3$.	☐
Der Differenzenquotient im Intervall [−6; 4] ist positiv.	☐
Der Differentialquotient an der Stelle $x = 8$ ist 0.	☐

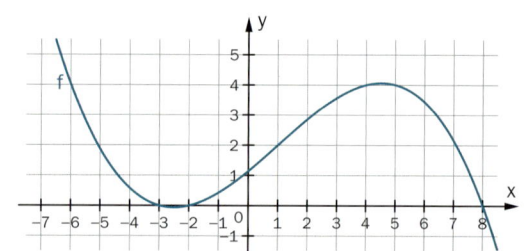

17

AN-R 1.2

Gegeben ist der Graph der Funktion f.

Kreuze die beiden zutreffenden Aussagen an!

Der Differenzenquotient hat in [0; 2] den Wert 3.	☐
Der Differenzenquotient in [0; 1] ist kleiner als der Differenzenquotient in [0; 5]	☐
Der Differenzenquotient hat in [0; 6] den Wert 1.	☐
$f'(2)$ ist die Steigung der Tangente an der Stelle 2.	☐
$f'(6) = 0$	☐

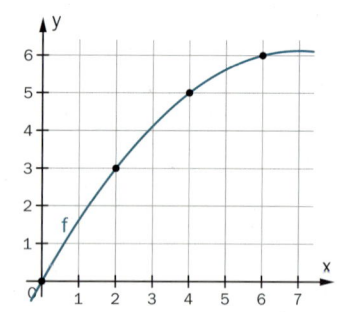

18

AN-R 1.3

Gegeben ist der Graph der Funktion f.

Kreuze die beiden zutreffenden Aussagen an!

$f'(0) = 2$	☐
$f'(-1) = f'(2)$	☐
$f'(x) > 0$ für alle $x \in (-3; -1)$	☐
$f'(0) > f'(3)$	☐
$f'(3) = \dfrac{f(4) - f(2)}{4 - 2}$	☐

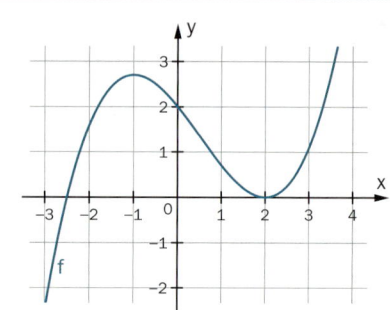

19

FA-R 2.4

Gegeben sind der Graph der Funktion *f*, sowie der Graph einer Tangente *t* an *f* im Punkt *P*.

Bestimme den Wert der 1. Ableitung der Funktion an der Stelle *x* = 6.

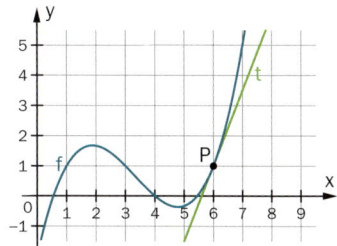

$f'(6) = $ _____

20

FA-R 2.4

Gegeben sind der Graph der Funktion *f*, sowie die Graphen einer Sekante *s* durch die Punkte (−2|8) und (4|2) und einer Tangente *t* an den Graphen von *f* an der Stelle −2.

Bestimme *f*′(−2).

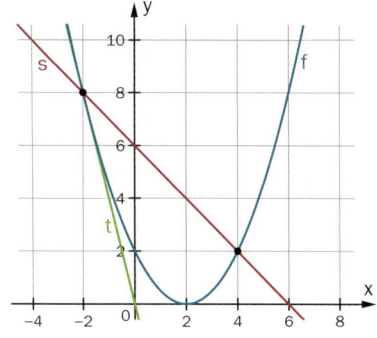

$f'(-2) = $ _____

21

FA-R 2.4

Eine Funktion *f* verläuft durch den Punkt *P* = (3|1) und hat an der Stelle 3 die Steigung 2.

Kreuze die beiden Geradengleichungen an, die die Tangente *t* an die Funktion *f* an der Stelle 3 beschreiben.

$y = -2x + 7$	☐
$y = 2x - 5$	☐
$-2x + y = -5$	☐
$2x + y = 7$	☐
$y = 2x + 1$	☐

22

AN-R 1.2

Der Differentialquotient kann mithilfe der nebenstehenden Abbildung aus dem Differenzenquotienten hergeleitet werden.

$$f'(x_0) = \lim_{x \to x_0} \frac{f(x) - f(x_0)}{x - x_0}$$

Beschrifte die Abbildung vollständig auf Basis der angegebenen Notation!

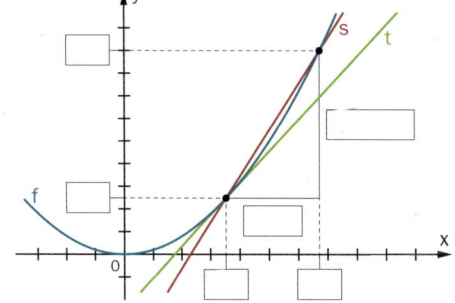

23

AN-R 1.2

Ordne jedem Term den entsprechenden Begriff (aus A bis F) zu!

$\dfrac{s(t) - s(0)}{t}$	
$\dfrac{s(t + h) - s(t)}{h}$	
$\lim\limits_{h \to 0} \dfrac{s(t + h) - s(t)}{h}$	
$\lim\limits_{t \to 0} \dfrac{s(t) - s(0)}{t}$	

A	Differenzenquotient an der Stelle 0
B	Differenzenquotient im Intervall [*t*; *t* + *h*]
C	Differenzenquotient im Intervall [0; *t*]
D	Differentialquotient an der Stelle 0
E	Differentialquotient an der Stelle *t*
F	Differentialquotient an der Stelle *t* + *h*

24

AN-R 1.2

In der Abbildung sind eine Funktion *f*, eine Sekante *s* im Intervall [*c*; *d*] und eine Tangente *t* an der Stelle *c* grafisch gegeben.

Kreuze die zutreffende(n) Aussage(n) an!

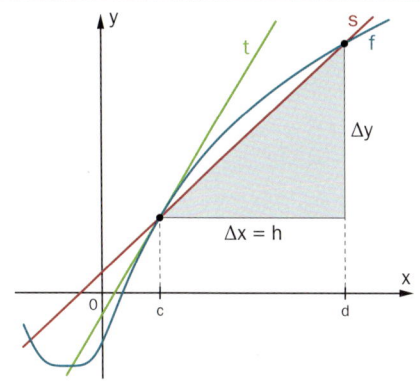

s hat die Steigung $\frac{f(d) - f(c)}{d - c}$.	☐
s hat die Steigung $\frac{\Delta y}{h}$.	☐
t hat die Steigung $\lim\limits_{\Delta x \to 0} \frac{\Delta y}{\Delta x}$.	☐
t hat die Steigung $\lim\limits_{h \to 0} \frac{\Delta y}{h}$.	☐
t hat die Steigung $\lim\limits_{d \to c} \frac{f(d) - f(c)}{c - d}$.	☐

25

AN-R 1.2

In der Abbildung sind eine reelle Funktion f sowie eine Tangente t mit Steigung k gegeben.

Kreuze die beiden zutreffenden Aussagen an!

$k = \lim\limits_{a \to b} \frac{f(b) - f(a)}{b - a}$	☐
$k = \lim\limits_{b \to a} \frac{f(a) - f(b)}{a - b}$	☐
$k = \lim\limits_{c \to 0} \frac{f(a + c) - f(a)}{c}$	☐
$k = \lim\limits_{b \to 0} \frac{f(b) - f(a)}{b}$	☐
$k = \lim\limits_{c \to b} \frac{f(b) - f(b - c)}{c}$	☐

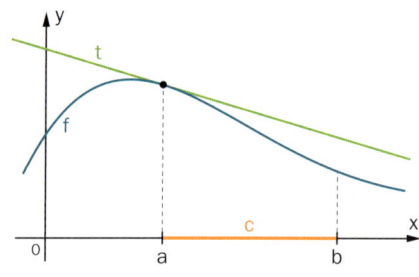

26

AN-R 1.3

Für die Funktion f an der Stelle x_0 gilt: $\lim\limits_{h \to 0} \frac{f(x_0 + h) - f(x_0)}{h} < 0$.

Skizziere einen möglichen Graphen der Funktion f.

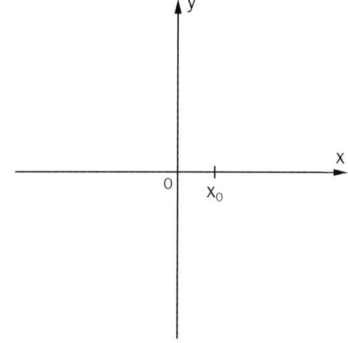

27

AN-R 1.3

Die Abbildung zeigt den Graphen einer Polynomfunktion f im Intervall $[0; x_3]$ sowie eine Sekante s und eine zu s parallele Tangente t.

Kreuze die beiden zutreffenden Aussagen an!

$f'(x_3) = 0$	☐
$f(x_1) = 0$	☐
$f'(x_0) = f'(x_1)$	☐
$\frac{f(x_3) - f(x_1)}{x_3 - x_1} > 0$	☐
$\frac{f(x_3) - f(x_1)}{x_3 - x_1} = f'(x_2)$	☐

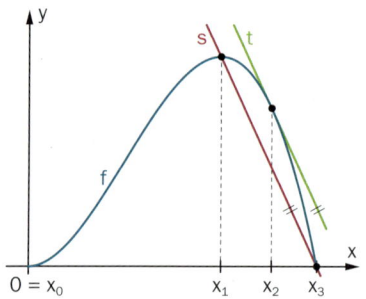

28

AN-R 1.3

Für eine Polynomfunktion f gilt: $\frac{f(x_2) - f(x_1)}{x_2 - x_1} > 0$ mit $x_1 < x_2$.

Kreuze die beiden auf die Funktion f zutreffenden Aussagen an!

f ist im Intervall $[x_1; x_2]$ streng monoton steigend.	☐
$f'(x_1) > f'(x_2)$	☐
$f(x_1) < f(x_2)$	☐
Die Sekante zwischen den Punkten $(x_1 \mid f(x_1))$ und $(x_2 \mid f(x_2))$ ist sicher streng monoton steigend.	☐
Für alle $x \in (x_1; x_2)$ gilt: $f(x) > 0$	☐

29

FA-R 2.4

Von einer reellen Funktion f und ihrer Ableitungsfunktion f' sind einige Werte in einer Wertetabelle gegeben. Gesucht ist die Gleichung der Tangente t an die Funktion f an der Stelle 12.

Gib die Gleichung dieser Tangente t an!

x	$f(x)$	$f'(x)$
−4	−0,6	2,9
0	−2	−1,6
4	−3,7	0,8
8	1,4	1,3
12	4	0
16	3	−0,2
20	4	0,3

Von der mittleren zur lokalen bzw. momentanen Änderungsrate

30

AN-R 1.3

Die in der Abbildung durch ihren Graphen gegebene Funktion h beschreibt die Entwicklung der Höhe (in m) eines Aufzugs, der ohne Zwischenstopp vom Erdgeschoss bis zum höchsten Punkt durchfährt, mit der Fahrzeit t (in s).

Gib an, in welchem Zeitintervall die durchschnittliche Zunahme der Höhe pro Sekunde gleich der momentanen Höhenzunahme pro Sekunde ist. Begründe deine Antwort.

Zeitintervall:

_____ $\leq t \leq$ _____

Begründung:

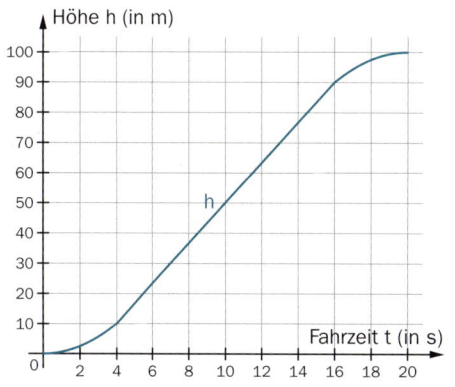

31

AG-R 1.3

Das Volumen V einer Kugel hängt vom Radius r ab: $V = \frac{4r^3\pi}{3}$

Berechne die mittlere Änderungsrate des Volumens pro cm Längenänderung, wenn der Radius r von 5 cm auf 7 cm anwächst, und interpretiere den Wert.

32

AN-R 1.3

Der Bremsweg ist jene Strecke, die ein Fahrzeug ab Beginn der Bremsung bis zum Stillstand zurücklegt. Der Bremsweg s (in m) ist von der Geschwindigkeit v (in km/h) abhängig. Unter gewissen Voraussetzungen gilt:

$s(v) = \frac{v^2}{15}$

Berechne und interpretiere die mittlere Änderungsrate des Bremsweges, wenn die Geschwindigkeit von 100 km/h auf 110 km/h erhöht wird!

33

AN-R 1.3

Die im Tank eines Autos vorhandene Treibstofffüllmenge F (in l) in Abhängigkeit von der zurückgelegten Wegstrecke s (in km) ist im abgebildeten Graphen dargestellt.

Kreuze die beiden zutreffenden Aussagen an!

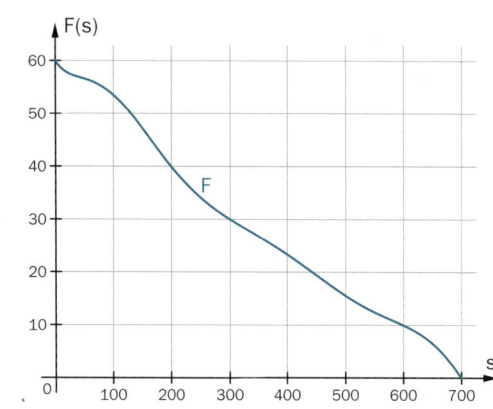

Die momentane Änderungsrate gibt den durchschnittlichen Benzinverbrauch des Autos an.	☐
Die momentane Änderungsrate nach 150 km beträgt etwa $-15 \frac{l}{100\,km}$	☐
Die mittlere Änderungsrate beträgt im Intervall [200; 300] etwa $-0{,}1 \frac{l}{km}$	☐
Die mittlere Änderungsrate ist auf den ersten 100 km in etwa gleich groß wie von 600 bis 700 km.	☐
Die momentane Änderungsrate ist nach 100 und 700 km gleich groß.	☐

34

AN-R 1.3

Das Wasser eines frisch befüllten Pools erwärmt sich aufgrund der Sonneneinstrahlung. Die Funktion T beschreibt die Temperatur in °C in Abhängigkeit von der Anzahl t der Tage nach dem Befüllen des Pools.

Interpretiere den Term $\lim\limits_{t_2 \to t_1} \frac{T(t_2) - T(t_1)}{t_2 - t_1}$ für $t_1 < t_2$.

Von der mittleren Geschwindigkeit zur Momentangeschwindigkeit

| **Ziel** | Differenzen- und Differentialquotienten als Geschwindigkeiten deuten | **AN-R 1.2, 1.3** |

35

AN-R 1.3

Der von einem Werkstück in einer Produktionshalle zurückgelegte Weg (in m) von einer Fertigungstelle zur nächsten ist in Abhängigkeit von der Zeit t (in s) im Diagramm dargestellt.

Kreuze die zutreffende(n) Aussage(n) an!

$\frac{s(10) - s(0)}{10 - 0}$ gibt die mittlere Geschwindigkeit in $\frac{m}{s}$ in den ersten 10 Sekunden an.	☐
Die mittlere Geschwindigkeit ist im Intervall [0; 6] größer als in [6; 8].	☐
Mit dem Differenzenquotienten kann die Momentangeschwindigkeit bestimmt werden.	☐
Die mittlere Geschwindigkeit ist umso größer, je länger das Werkstück unterwegs ist.	☐
$\frac{s(14) - s(10)}{4} < \frac{s(18) - s(14)}{4}$	☐

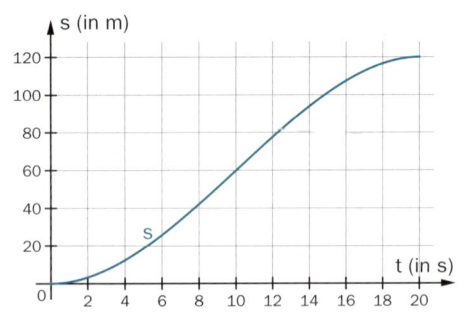

36

AN-R 1.3

Die Funktion $s: [0; 4] \to \mathbb{R}$ beschreibt den von einem Radfahrer innerhalb von t Stunden zurückgelegten Weg. Der Funktionsgraph von s ist gegeben.

Kreuze die beiden zutreffenden Aussagen an!

$s'(1,5) > s'(2,5)$	☐
$\frac{s(4) - s(2)}{2} = s'(2,5)$	☐
$\frac{s(4) - s(0)}{4} = s'(2)$	☐
$s'(1) = 15$	☐
$s'(3) = 20$	☐

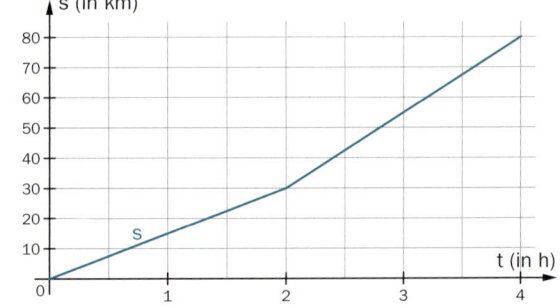

37

AN-R 1.3

Der Begriff *Section-Control* (dt. Abschnittskontrolle) ist eine Art der Radarmessung. Dabei wird nicht die Geschwindigkeit an einem bestimmten Punkt gemessen, sondern die Durchschnittsgeschwindigkeit über eine längere Strecke.

Das gegebene Weg-Zeit-Diagramm zeigt den zurückgelegten Weg in Abhängigkeit der Zeit t eines Fahrzeugs in einem überprüften Streckenabschnitt.

Ermittle die durchschnittliche Geschwindigkeit des Fahrzeugs auf der ersten Hälfte des Weges!

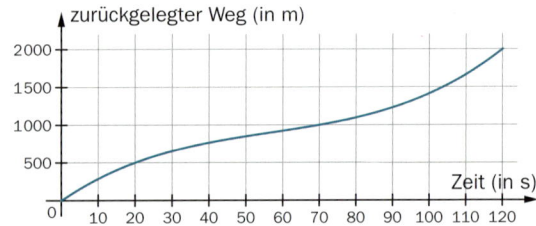

38

AN-R 1.3

Im gegebenen Weg-Zeit-Diagramm ist die zurückgelegte Strecke s eines Fahrzeugs (in Metern) in Abhängigkeit von der Zeit t (in Sekunden) dargestellt.

Ermittle näherungsweise mithilfe des Graphen:

- die mittlere Geschwindigkeit für 15 s ≤ t ≤ 30 s
- die momentane Geschwindigkeit zum Zeitpunkt t = 30 s

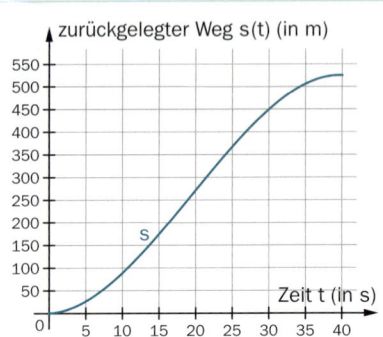

39

AN-R 1.3

Für die Fahrt von einem Bahnhof *A* zu einem Bahnhof *B* benötigt ein Zug exakt 4 Minuten und 10 Sekunden. Die Funktion *s* beschreibt die Entfernung (in m) des Zuges vom Bahnhof *A* in Abhängigkeit von der Zeit *t* (in s).

Ordne jeder Größe den passenden Term (aus A bis F) zu!

zurückgelegter Weg nach 3 Sekunden		A	$s(3)$
Durchschnittsgeschwindigkeit in den ersten drei Sekunden		B	$s'(3)$
Momentangeschwindigkeit nach drei Sekunden		C	$s(250)$
Entfernung der beiden Bahnhöfe		D	$\dfrac{s(3) - s(0)}{3 - 0}$
		E	$\dfrac{v(3) - v(0)}{3 - 0}$
		F	$s(4{,}1)$

40

AN-R 1.3

Die Funktion *s*: [0; 8] → ℝ beschreibt den von einer Autofahrerin zurückgelegten Weg in Abhängigkeit von der Zeit *t*.
Es gilt: $s(t) = 2t^2 + t$
Der zurückgelegte Weg wird dabei in Metern angegeben, die Zeit wird ab dem Zeitpunkt *t* = 0 in Sekunden gemessen.

Ermittle den Differenzenquotienten der Funktion *s* im Intervall [0; 8] und interpretiere das Ergebnis!

1.3 Ableitung einer Funktion – grafisches Differenzieren

Ziel Die Ableitungsfunktion einer Funktion grafisch ermitteln   **AN-R 3.1, 3.2**

41

AN-R 3.2

Gegeben ist der Graph einer Funktion *f*. Kreuze die zutreffende(n) Aussage(n) an!

$f'(-1) < 0$	☐
$f(0) = 0$	☐
$f'(0) = 0$	☐
$f'(-2) = 0$	☐
$f'(1) < 0$	☐

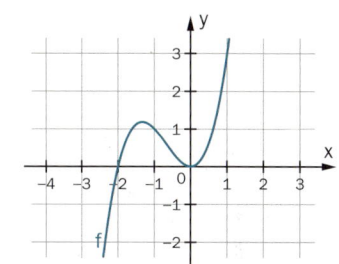

42

AN-R 3.2

Gegeben ist der Graph der Funktion *f*. Kreuze die beiden zutreffenden Aussagen an!

$f'(2) = 0$	☐
$f'(2{,}5) < 0$	☐
$f'(0) = 0{,}5$	☐
$f'(0{,}5) > 0$	☐
$f'(1) = f'(2{,}5)$	☐

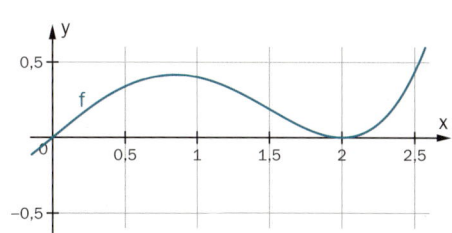

43

AN-R 3.1

Eine reelle Funktion *f* hat die 1. Ableitungsfunktion *f'*. Kreuze die beiden zutreffenden Aussagen an!

f' ordnet jeder Stelle *x* einen Funktionswert von *f* zu.	☐
f'(*x*) gibt die Steigung der Sekante an *f* im Intervall [0; *x*] an.	☐
f'(*x*) = 0 bedeutet, dass *f* an der Stelle 0 eine Tangente hat.	☐
f' ordnet jeder Stelle *x* die Steigung der Tangente an *f* an dieser Stelle zu.	☐
f'(*x*) = 0 bedeutet, dass *f* an der Stelle *x* eine waagrechte Tangente hat.	☐

44

AN-R 3.1

Gegeben ist der Graph einer quadratischen Funktion *f*.

Bestimme grafisch den Wert der 1. Ableitung an der Stelle *x* = 3 so genau wie möglich.

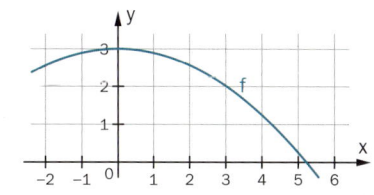

$f'(3) \approx$

45 Eine Polynomfunktion f sei vom Grad 3.

AN-R 3.2 Kreuze die beiden Funktionsgraphen an, welche eine Ableitung der Funktion f darstellen können.

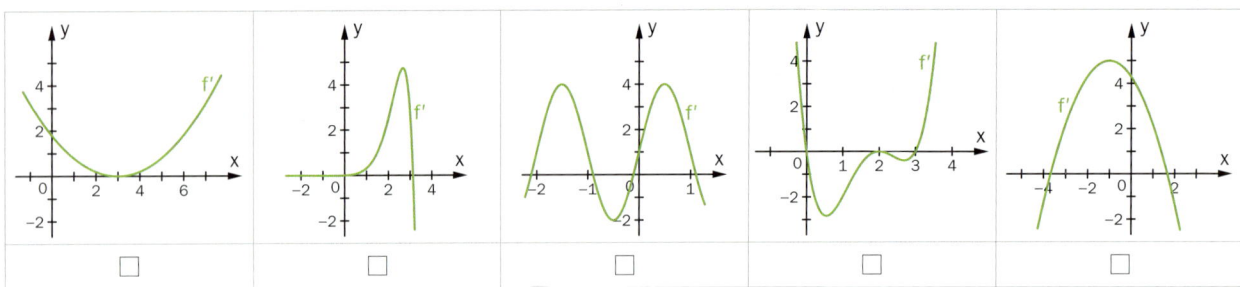

46 Der Graph der reellen Funktion f ist gegeben.

AN-R 3.2 Skizziere den Graphen der Ableitungsfunktion f' in der gegebenen Abbildung.

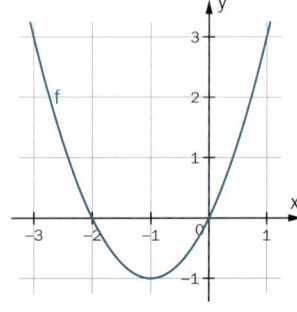

47 Gegeben ist der Graph einer Funktion f.

AN-R 3.2 Skizziere den Graphen der Ableitungsfunktion f' in der gegebenen Abbildung.

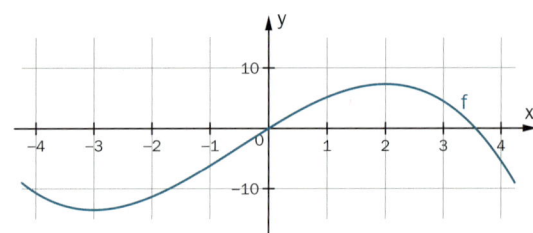

48 Eine reelle Funktion f ist durch ihren Graphen gegeben.

AN-R 3.2 Skizziere den Graphen der 1. Ableitungsfunktion f' in der gegebenen Abbildung.

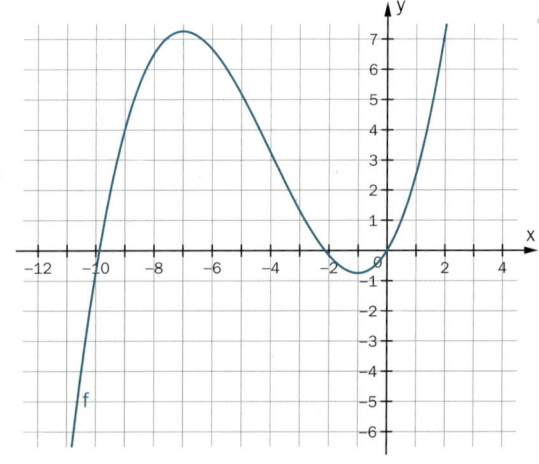

49 Begründe, warum die dargestellte Funktion f' sicher nicht die Ableitungsfunktion

AN-R 3.2 von $f(x) = 3x^3$ ist.

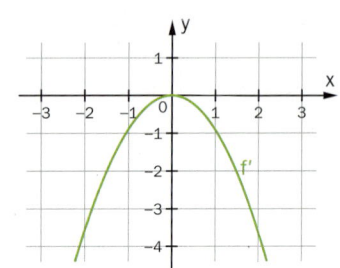

50

AN-R 3.2

Ordne jedem Graphen einer Funktion den entsprechenden Graphen der 1. Ableitungsfunktion (aus A bis F) zu!

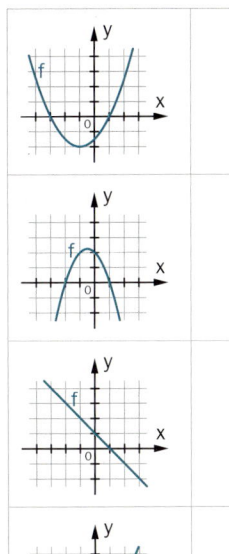
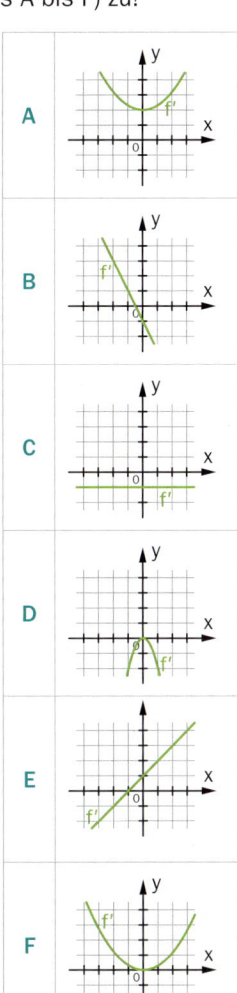

51

AN-R 3.2

Ordne jedem Graphen einer Funktion den entsprechenden Graphen der 1. Ableitungsfunktion (aus A bis F) zu!

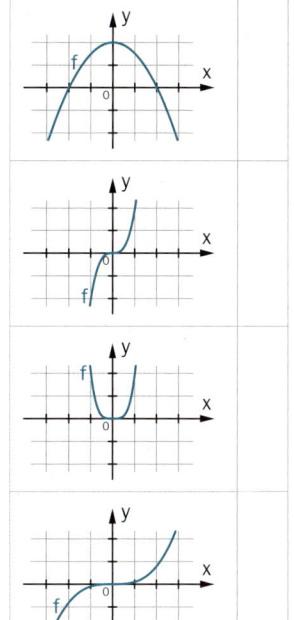
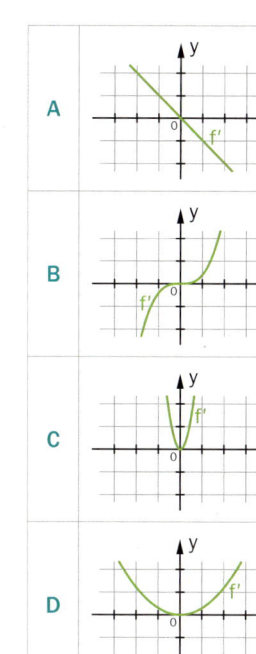
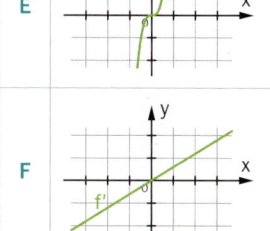

1.4 Ableitung einer Potenzfunktion mit natürlichem Exponenten

| **Ziel** | Potenzfunktionen mit natürlichen Exponenten differenzieren | **AN-R 2.1** |

52

AN-R 2.1

Kreuze die beiden zutreffenden Aussagen an!

$f(x) = 5x^2 \Rightarrow f'(x) = 5x$	☐
$f(x) = \dfrac{x^3}{3} \Rightarrow f'(x) = x^2$	☐
$f(x) = 2x^2 + x + 2 \Rightarrow f'(x) = 4x + 2$	☐
$f(x) = 7 \Rightarrow f'(x) = 0$	☐
$f(x) = 12x^3 + x^2 \Rightarrow f'(x) = 36x^2 + x$	☐

53

AN-R 2.1

Kreuze alle Funktionen an, die dieselbe Ableitung besitzen wie f: $f(x) = 3x^2 + 7$

$f(x) = 3x^2$	☐
$f(x) = 2x^2 + 14$	☐
$f(x) = x^6 + 7$	☐
$f(x) = 2x^3 - 1$	☐
$f(x) = 3x^2 - 2$	☐

54

AN-R 2.1

Ordne jeder Funktion f die entsprechende Ableitungsfunktion f' (aus A bis F) zu.

$f(x) = x^3 + 6x + 3$	
$f(x) = 3x^2 + 6x + 6$	
$f(x) = x^3 + 3x + 3$	
$f(x) = 3x^2 + 3x + 6$	

A	$f'(x) = 6x + 3$
B	$f'(x) = 3x + 3$
C	$f'(x) = 3x + 6$
D	$f'(x) = 6x + 6$
E	$f'(x) = 3x^2 + 6$
F	$f'(x) = 3x^2 + 3$

55

AN-R 2.1

Berechne die 1. Ableitung der Funktion f mit $f(t) = 2\,000 - 2t^2 - \frac{t^4}{3}$.

$f'(t) = $ _____

56

AN-R 2.1

Ordne jeder linearen Funktion die entsprechende Ableitungsfunktion f' (aus A bis F) zu.

$f(x) = a \cdot x + b$	
$f(x) = \frac{1}{a} + d \cdot x$	
$f(x) = a + \frac{x}{c}$	
$f(x) = b \cdot x + c$	

A	a
B	b
C	c
D	d
E	$\frac{1}{a}$
F	$\frac{1}{c}$

57

AN-R 2.1

Ordne jeder Funktion den entsprechenden Wert des Differentialquotienten (aus A bis F) an der Stelle 1 zu.

$f\colon\ y - x^2 - 1$	
$f\colon\ y = -x^2 - 2x - 1$	
$f\colon\ y = x^2 - 2x$	
$f\colon\ y = (x - 10)^2$	

A	-2
B	0
C	-4
D	-18
E	6
F	2

58

AN-R 2.1

Von einer Funktion f kennt man die Termdarstellung: $f(x) = \frac{x^4}{16}$

Berechne die Steigung k der Tangente im Punkt $P = (4\,|\,f(4))$.

59

AN-R 2.1

Gegeben ist die Funktion f mit $f(x) = x^3 + x^2 - 6x$.

Ermittle die Gleichung der Tangente an die Funktion f im Punkt $P = (-1\,|\,6)$.

1.5 Höhere Ableitungen

Ziel	Eigenschaften von Funktionen mit Ableitungsfunktionen beschreiben	AN-R 3.3

60

AN-R 3.3

Gegeben ist der Graph der Funktion f. An den gekennzeichneten Stellen ändert sich jeweils das Monotonie- und/oder das Krümmungsverhalten.

Kreuze die zutreffenden Aussagen an!

f ist in $(-1;\ 1)$ streng monoton fallend.	☐
f ändert an der Stelle 3 das Krümmungsverhalten.	☐
f ist in $(1;\ 5)$ positiv gekrümmt.	☐
f ist in $(3;\ 7)$ negativ gekrümmt.	☐
f besitzt an der Stelle 5 eine waagrechte Tangente.	☐

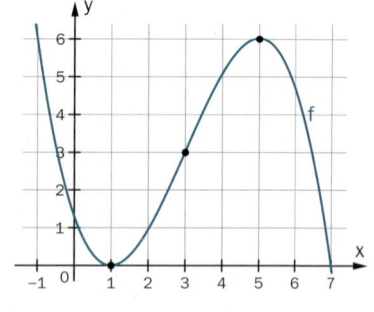

61

AN-R 3.3

Gegeben ist der Graph der quadratischen Funktion f.

Gib alle Stellen an, an denen gilt: $f'(x) > 0$

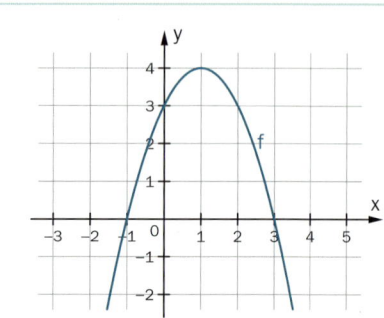

62

AN-R 3.3

Die Polynomfunktion f vom Grad 3 ändert an der Stelle x = 2 ihr Krümmungsverhalten.

Gib alle Stellen an, an denen gilt: $f''(x) > 0$

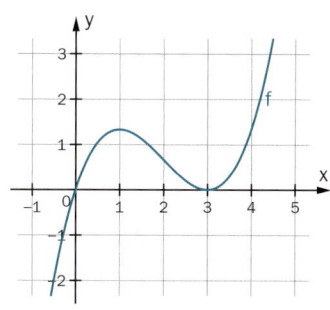

63

AN-R 3.3

Eine reelle Funktion $f: [-4; 40] \rightarrow \mathbb{R}^+$ ist durch ihren Graphen gegeben.

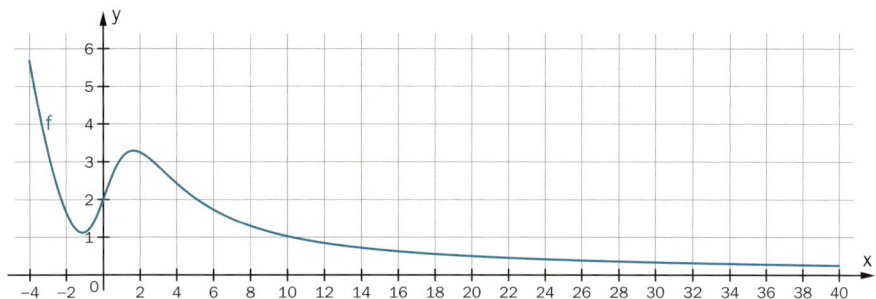

Kreuze die beiden zutreffenden Aussagen an!

Die 1. Ableitung von f ist für alle x ∈ (2; 40) negativ oder gleich null.	☐
Die 1. Ableitung von f hat an der Stelle 10 den Wert 1.	☐
Die 1. Ableitungsfunktion von f hat keine Nullstelle.	☐
Für alle x ∈ (4; 40) ist die Funktion f rechtsgekrümmt.	☐
An der Stelle −2 ist die 2. Ableitung von f positiv.	☐

64

AN-R 3.3

In der Abbildung ist der Graph der 1. Ableitungsfunktion f' einer Funktion f gegeben.

Ergänze die Textlücken im folgenden Satz durch Ankreuzen der jeweils richtigen Satzteile so, dass eine mathematisch korrekte Aussage entsteht!

An der Stelle 6 _____ ① _____, weil f' an der Stelle 6 _____ ① _____.

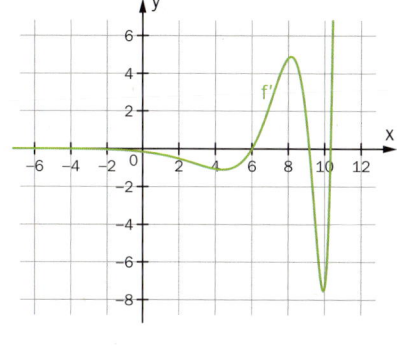

①	
ist f streng monoton fallend	☐
ist f negativ gekrümmt	☐
hat f eine waagrechte Tangente	☐

②	
eine Nullstelle hat	☐
streng monoton steigend ist	☐
positiv ist	☐

65

AN-R 3.3

Gegeben ist der Graph der quadratischen Funktion f'.

Kreuze die beiden auf die Funktion f zutreffenden Aussagen an.

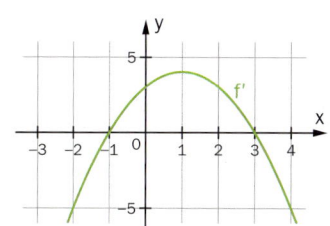

An der Stelle x = 3 hat f einen Hochpunkt.	☐
An der Stelle x = −1 hat f einen Hochpunkt.	☐
f ist in (−1; 3) streng monoton steigend.	☐
f ist in (−2; 0) negativ gekrümmt.	☐
f besitzt genau drei lokale Extremstellen.	☐

2. Nichtlineare analytische Geometrie der Ebene

2.1 Kreis

66

AG-L 5.1

Ordne jedem Kreis die entsprechende Kreisgleichung (aus A bis F) zu!

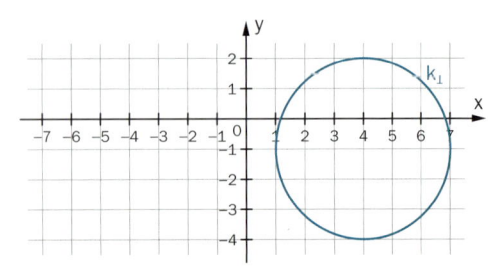

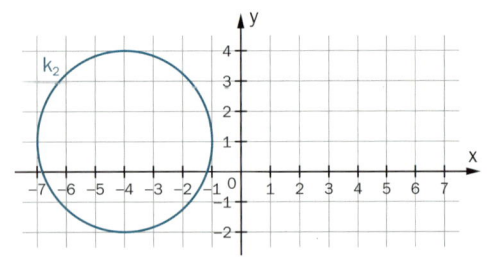

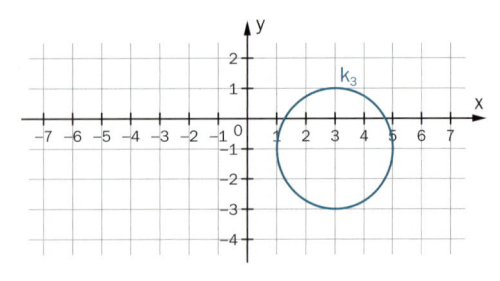

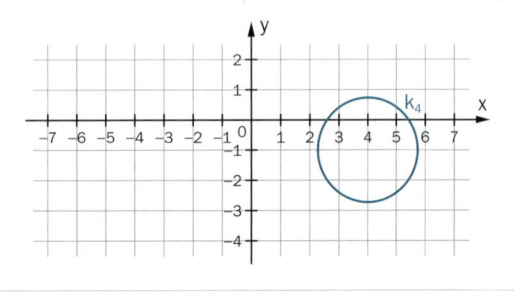

A	$(x + 4)^2 + (y + 1)^2 = 9$
B	$(x + 3)^2 + (y - 1)^2 = 4$
C	$(x - 4)^2 + (y + 1)^2 = 9$
D	$(x + 4)^2 + (y - 1)^2 = 9$
E	$(x - 3)^2 + (y + 1)^2 = 4$
F	$(x - 4)^2 + (y + 1)^2 = 3$

67

AG-L 5.1

Ein Kreis ist durch seine allgemeine Kreisgleichung gegeben: $k: x^2 + y^2 + 18x - 34y = -226$

Gib den Mittelpunkt M und den Radius r dieses Kreises an!

$M =$ _____ $r =$ _____

68

AG-L 5.1

Ein Kreis ist durch seine allgemeine Kreisgleichung gegeben: $k: x^2 + y^2 - 20x + 14y = -124$

Gib den Mittelpunkt M und den Radius r dieses Kreises an!

$M =$ _____ $r =$ _____

69

AG-L 5.1

Eine Kreis k ist durch seine Kreisgleichung gegeben:

k: $x^2 + y^2 - 4x - 2y = 11$

Zeichne den Kreis in das gegebene Koordinatensystem!

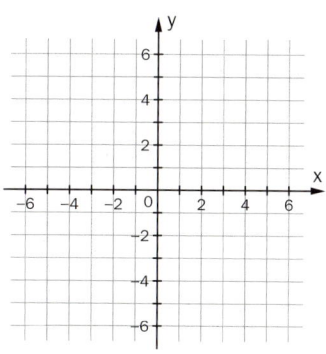

70

AG-L 5.1

Gegeben sind nichtlineare Gleichungen in den Unbekannten x und y. Zwei Gleichungen beschreiben einen Kreis mit Mittelpunkt $M = (1|-1)$. Kreuze die beiden Gleichungen an!

$x^2 + y^2 + 2x - 2y = 0$	☐
$x^2 - y^2 + 2x - 2y = 0$	☐
$x^2 + y^2 - 2x + 2y = 0$	☐
$(x - 1)^2 + (y + 1)^2 - 4 = 0$	☐
$(x - 1)^2 + (y + 1)^2 + 4 = 0$	☐

71

AG-L 5.1

Gegeben sind nichtlineare Gleichungen in den Unbekannten x und y. Zwei Gleichungen beschreiben einen Kreis mit Radius $r = 1$. Kreuze die beiden Gleichungen an!

$x^2 + y^2 - 2x - 2y + 1 = 0$	☐
$x^2 + y^2 + 2x - 2y - 1 = 0$	☐
$x^2 + y^2 - 2x - 2y - 2 = 0$	☐
$x^2 + y^2 + 2x + 2y - 1 = 0$	☐
$x^2 + y^2 + 2x + 2y + 1 = 0$	☐

72

AG-L 5.1

Ordne jedem Kreis die entsprechende Kreisgleichung (aus A bis F) zu.

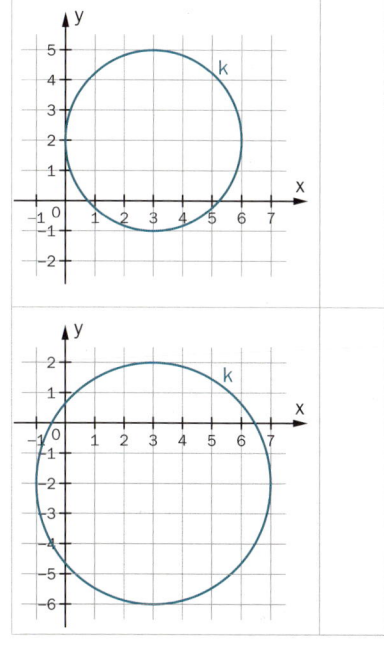

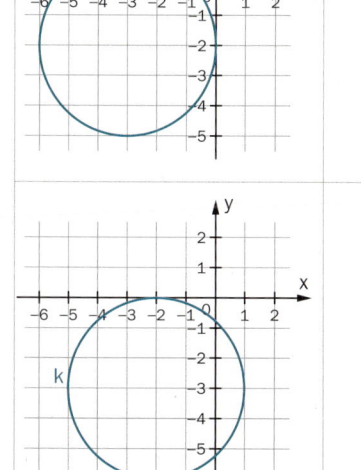

A	k: $(x + 2)^2 + (y + 3)^2 = 9$
B	k: $x^2 + y^2 + 6x + 4y = -4$
C	k: $(x - 3)^2 + (y - 2)^2 = 9$
D	k: $x^2 + y^2 + 4x - 6y = 3$
E	k: $(x + 3)^2 + (y + 2)^2 = 16$
F	k: $x^2 + y^2 - 6x + 4y = 3$

73

AG-L 5.1

Als *Einheitskreis* bezeichnet man in der Mathematik einen Kreis, dessen Radius die Länge 1 hat und dessen Mittelpunkt im Ursprung des Koordinatensystems liegt.

Gib die Gleichung des Einheitskreises an!

74

AG-L 5.1

Von einem Kreis k sind der Mittelpunkt $M = (1|4)$ sowie ein Punkt $P = (4|2)$, der auf der Kreislinie liegt, bekannt. Ermittle die Gleichung des Kreises.

k: _____

75

AG-L 5.1

Ein Punkt $X = (x|y)$ soll von $A = (-1|3)$ den Abstand 4 haben. Gib an, welcher Zusammenhang zwischen seinen Koordinaten x und y bestehen muss!

76

AG-L 5.1

Der Durchmesser $d = \overline{AB}$ eines Kreises wird durch die Punkte $A = (-1\,|\,4)$ und $B = (3\,|\,2)$ festgelegt.

Berechne den Mittelpunkt M sowie den Radius r des Kreises!

$M = (\rule{1.5cm}{0.4pt}\,|\,\rule{1.5cm}{0.4pt})$

$r = \rule{3cm}{0.4pt}$

77

AG-L 5.1

Zeige durch Rechnung, dass der Punkt $A = (3\,|\,-2)$ auf dem Kreis $k\colon (x-1)^2 + (y+5)^2 = 13$ liegt!

78

AG-L 5.1

Gegeben ist die Gleichung eines Kreises k.

$k\colon (x-3)^2 + (y-2)^2 = 17$

Kreuze die beiden Punkte an, die auf der Kreislinie liegen.

$(1\,|\,0)$	☐
$(2\,|\,6)$	☐
$(-1\,|\,1)$	☐
$(-4\,|\,-2)$	☐
$(5\,|\,5)$	☐

79

AG-L 5.1

Gegeben ist der Kreis k mit $k\colon (x-3)^2 + (y+1)^2 = 17$ sowie der Punkt $P = (4\,|\,y_P)$.
Bestimme die fehlende Koordinate $y_P < 0$ des Punktes P so, dass $P \in k$.

$y_P = \rule{3cm}{0.4pt}$

80

AG-L 5.1

Die Gleichung $x^2 + y^2 + 2x - 4y - 10 = 0$ beschreibt einen Kreis. Verändere den Radius dieses Kreises so, dass der Punkt $P = (3\,|\,5)$ auf der Kreislinie liegt.

$r = \rule{3cm}{0.4pt}$

81

AG-L 5.1

Entscheide, ob der Kreis $k\colon x^2 + y^2 - 2x - 6y = -1$ die x-Achse an der Stelle $x = 1$ berührt.

Begründe deine Entscheidung.

82

AG-L 5.1

Gegeben ist der Kreis $k\colon x^2 + y^2 - 8x + 4y = a$ mit $a \in \mathbb{R}$.

Bestimme, für welche Werte des Parameters a der Kreis genau zwei Schnittpunkte mit der x-Achse besitzt.

83

AG-L 5.1

Gegeben ist ein Kreis mit dem Mittelpunkt $M = (-3\,|\,4)$ und dem Radius r.

Kreuze die zutreffende(n) Aussage(n) an!

Der Kreis berührt genau dann die x-Achse, wenn $r = 4$.	☐
Für $r < 4$ liegt der Kreis zur Gänze im zweiten Quadranten.	☐
Der Ursprung des Koordinatensystems liegt auf der Kreislinie, wenn $r = 5$ gilt.	☐
Alle Punkte $X = (x\,|\,y)$ auf der Kreislinie erfüllen die Gleichung $(x-3)^2 + (x+4)^2 = r^2$.	☐
Für alle Punkte $X = (x\,|\,y)$ auf der Kreislinie gilt: $x^2 + y^2 + 6x - 8y + 25 = r^2$.	☐

2.2 Kreistangenten und Schnittaufgaben

Ziel	Schnittaufgaben zwischen Kreis und Gerade lösen	AG-L 5.2

84
AG-L 5.2

Berechne die Schnittpunkte A und B der Geraden g: $4x - 3y = 12$ mit dem Kreis k: $[M = (6\,|\,4), r = 5]$ und untersuche, ob die Strecke $\overline{AB}$ ein Durchmesser des Kreises ist.

85
AG-L 5.2

Ermittle die Lagebeziehung der Geraden g: $-2x + 3y = -7$ zum Kreis k: $(x - 4)^2 + (y + 3)^2 = 5$.

86
AG-L 5.2

Begründe, dass die Gerade g: $4x + 3y = 33$ eine Tangente an den Kreis k: $(x - 5)^2 + (y + 4)^2 = 25$ ist.

87
AG-L 5.2

Gegeben sind der Kreis k mit der Gleichung $(x + 4)^2 + (y - 3)^2 = 25$.

Begründe, warum die Gerade g: $4x + 3y = 18$ eine Tangente an den Kreis im Punkt P ist.

88
AG-L 5.2

Gegeben sind der Kreis k: $(x - 5)^2 + (y + 4)^2 = 10$, sowie die Sekante g: $y = -\frac{x}{2} + 1$.

Kreuze die beiden Schnittpunkte an!

$(6\,|\,-2)$	☐
$(4\,|\,-1)$	☐
$(2\,|\,-3)$	☐
$(0\,|\,1)$	☐
$(8\,|\,-3)$	☐

89
AG-L 5.2

Ob eine Gerade g: $X = G + t \cdot \vec{g}$ eine Tangente, Sekante oder Passante eines Kreises k mit Mittelpunkt M und Radius r ist, hängt unter anderem vom Abstand $d(M,G) = |\overrightarrow{MG}|$ des Kreismittelpunktes M von jedem Punkt G auf der Geraden g ab.

Ergänze die Textlücken im folgenden Satz durch Ankreuzen der jeweils richtigen Satzteile so, dass eine mathematisch korrekte Aussage entsteht!

Eine Gerade g ist genau dann eine Tangente an einen Kreis k, wenn _____ ① _____ für _____ ② _____ gilt.

①		②	
$d(M,G) > r$	☐	jeden Punkt G auf der Geraden	☐
$d(M,G) = r$	☐	keinen Punkt G auf der Geraden	☐
$d(M,G) < r$	☐	genau einen Punkt G auf der Geraden	☐

90
AG-L 5.2

Begründe rechnerisch, dass die Gerade g mit g: $x + 3y = 3$ eine Sekante zum Kreis k mit der Gleichung $x^2 + y^2 - 2x - 4y = 11$ ist.

91

AG-L 5.2

Bestimme die Gleichungen der beiden Tangenten an den Kreis k: $x^2 + y^2 + 6x - 8y = -16$, die parallel zur x-Achse verlaufen.

92

AG-L 5.2

Ordne jedem Kreis eine passende Tangente (aus A bis F) zu!

$(x - 1)^2 + (y + 4)^2 = 1$	
$(x + 2)^2 + y^2 = 16$	
$(x - 2)^2 + (y - 1)^2 = 9$	
$x^2 + y^2 = 9$	

A	$x = -6$
B	$y = -6$
C	$y = 0$
D	$y = 3$
E	$x = 0$
F	$y = -2$

93

AG-L 5.2

Zeichne die Tangente t im Punkt P an den Kreis k und gib ihre Gleichung an!

$t : y = $ _____

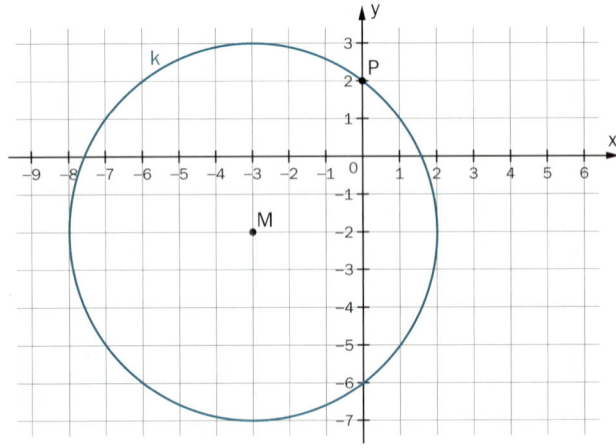

94

AG-L 5.2

Gegeben sind der Kreis k: $x^2 + y^2 - 16x - 8y = 20$ und die Gerade g: $y = -0{,}75x + d$.

Gib eine Bedingung für den Parameter $d \in \mathbb{R}$ an, sodass g eine Tangente an den Kreis k im Punkt $A = (2 \mid y_A)$ ist.

95

AG-L 5.2

Gegeben sind der Kreis k mit der Gleichung $(x - 2)^2 + (y - 2)^2 = 16$ und die Gerade g mit g: $4x + 3y = a$, wobei der Parameter a eine reelle Zahl ist.

Bestimme alle Werte von a so, dass die Gerade g eine Tangente an den Kreis k im Punkt $A = (-1{,}2 \mid y_A)$ ist.

96

AG-L 5.2

Gegeben sind der Kreis k: $x^2 + y^2 - 10x + 14y = 51$ und die Gerade g: $y = 0{,}5x + d$.

Bestimme alle Werte für den Parameter $d \in \mathbb{R}$, sodass g eine Sekante ist.

2.3 Schnitt Kreis – Kreis

Dieser Abschnitt enthält keine Reifeprüfungs- und Lehrplan-Grundkompetenzen.

2.4 Weitere Kegelschnitte

| Ziel | Ellipsen, Hyperbeln und Parabeln durch Gleichungen beschreiben | AG-L 5.1 |

97

AG-L 5.1

Die Gleichung einer Ellipse ist gegeben:

ell: $25x^2 + 81y^2 = 2025$

Kreuze die zutreffende(n) Aussage(n) an!

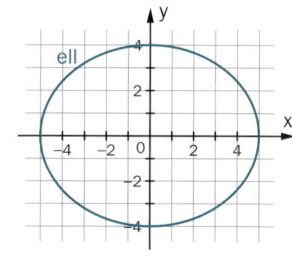

$a = 9, b = 5$	☐
$e^2 + b^2 = a^2$	☐
$\overline{XF_1} + \overline{XF_2} = 2a$	☐
$F_1 = (-7\,|\,0)$	☐
Die Gleichung $\frac{x^2}{81} + \frac{y^2}{25} = 0$ beschreibt ebenfalls die gegebenen Ellipse.	☐

98

AG-L 5.1

Bestimme die Gleichung der dargestellten Ellipse.

ell: _____

99

AG-L 5.1

Ordne jeder Ellipse die entsprechende Gleichung (aus A bis F) zu!

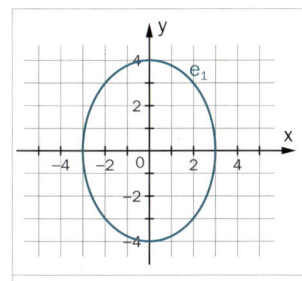 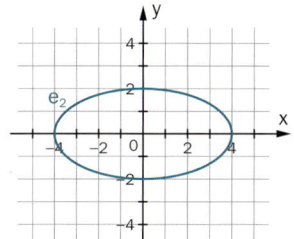 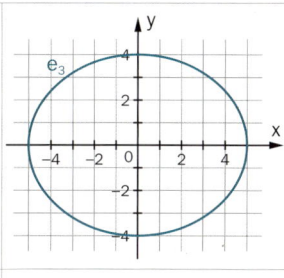 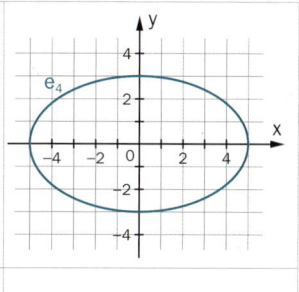

A	B	C	D	E	F
$x^2 + 4y^2 = 16$	$\frac{x^2}{9} + \frac{y^2}{16} = 1$	$9x^2 + 16y^2 = 144$	$16x^2 + 25y^2 = 400$	$\frac{x^2}{25} + \frac{y^2}{9} = 1$	$\frac{x^2}{5} + \frac{y^2}{4} = 1$

100

AG-L 5.1

Gegeben sind nichtlineare Gleichungen in den Unbekannten x und y. Zwei Gleichungen beschreiben eine Ellipse.

Kreuze die beiden Gleichungen an!

$x^2 + 2y^2 = 0$	☐
$x^2 + 2y^2 - 2 = 0$	☐
$x^2 + 2y^2 + 2 = 0$	☐
$x^2 - 2y^2 - 2 = 0$	☐
$-x^2 - 2y^2 + 2 = 0$	☐

101

AG-L 5.1

Bestimme die Gleichung der dargestellten Hyperbel.

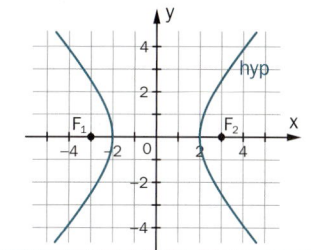

hyp: _____

102

AG-L 5.1

Die Gleichung einer Hyperbel ist gegeben:

hyp: $16x^2 - 9y^2 = 144$

Kreuze die beiden zutreffenden Aussagen an!

$a = 5$	☐
$a^2 + e^2 = b^2$	☐
$b = 4$	☐
$F_1 = (-5\,|\,0)$	☐
$\overline{XF_1} - \overline{XF_2} = 2a$	☐

103

AG-L 5.1

Kreuze die beiden Gleichungen an, die eine Hyperbel beschreiben!

$\frac{x^2}{4} - \frac{y^2}{5} = 1$	☐
$3x^2 - y^2 = 12$	☐
$5x^2 - 4y^2 = 1$	☐
$\frac{x^2}{4} = 1 - \frac{y^2}{9}$	☐
$5x^2 + 4y^2 = 20$	☐

104

AG-L 5.1

Eine Hyperbel ist durch ihre Gleichung gegeben: hyp: $3x^2 - y^2 = 12$

Bestimme die Koordinaten der Haupt- und Nebenscheitel!

105

AG-L 5.1

Ordne jeder Parabel die entsprechende Gleichung (aus A bis F) zu.

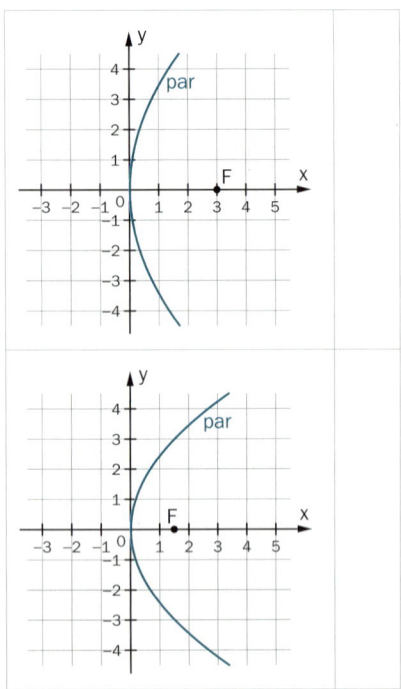
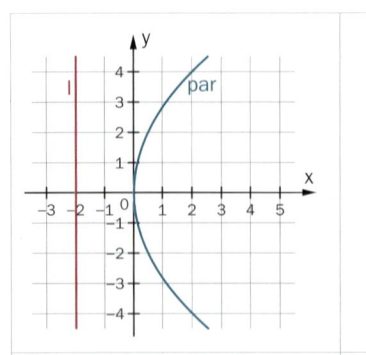
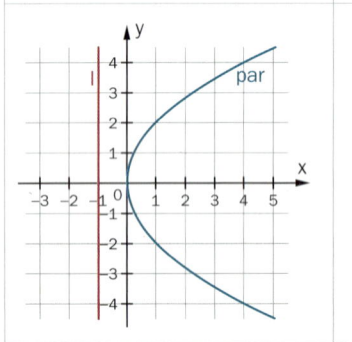

A	$y^2 = 8x$
B	$y^2 = 2x$
C	$y^2 = 6x$
D	$y^2 = 10x$
E	$y^2 = 12x$
F	$y^2 = 4x$

106

AG-L 5.1

Von einer Parabel $y^2 = 2px$ in 1. Hauptlage ist die Gleichung der Leitlinie bekannt: l: $x = -2$

Gib die Gleichung der Parabel an!

par: _____

107

AG-L 5.1

Eine Parabel ist durch ihre Gleichung gegeben: par: $y^2 = 10x$

Bestimme die Koordinaten des Brennpunktes!

$F =$ _____

108

AG-L 5.1

Ordne jedem Kegelschnitt die entsprechende Gleichung (aus A bis F) zu!

Kreis	
Ellipse(, die kein Kreis ist)	
Hyperbel	
Parabel	

A	$2x^2 + y^2 + 4 = 0$
B	$2x^2 - y^2 - 4 = 0$
C	$2x^2 + 2y^2 + 4 = 0$
D	$2x - 2y^2 = 0$
E	$2x^2 + 2y^2 - 4 = 0$
F	$2x^2 + y^2 - 4 = 0$

2.5 Tangenten und Schnittaufgaben

109

AG-L 5.2

In der Abbildung ist eine Gerade g grafisch gegeben.

Ermittle den Schnittpunkt von g mit der Ellipse ell : $\frac{x^2}{25} + \frac{y^2}{9} = 1$
grafisch!

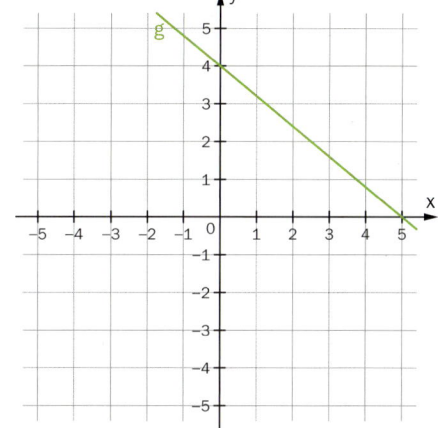

110

AG-L 5.2

Gegeben sind eine Ellipse ell mit der Gleichung $x^2 + 9y^2 = 18$ und die Gerade g mit g: $x + 3y = -6$.

Entscheide, ob die Gerade eine Tangente an die Ellipse ist.

111

AG-L 5.2

Gegeben ist die Ellipse ell: $3x^2 + 4y^2 = 16$ und die Gerade g: $2x - 3y = 10$.
Kreuze jene beiden Geraden an, die zu g normal und Tangenten an die Ellipse
sind.

$3x + 2y = 0$	☐
$3x - 2y = -2$	☐
$3x + 2y = -8$	☐
$3x - 2y = 0$	☐
$3x + 2y = 8$	☐

112

AG-L 5.2

Bestimme den Schnittpunkt der Tangente t: $y = 1{,}5x - 2$ mit der Hyperbel hyp: $5x^2 - 4y^2 = 20$.

113

AG-L 5.2

Die Parabel par ist durch ihre Gleichung $y^2 = 6x$ gegeben.
Kreuze jene beiden Geraden an, die zwei Punkte mit der Parabel par
gemeinsam haben.

$y = -0{,}5x - 3$	☐
$y = 2x - 3$	☐
$y = x + 3$	☐
$y = x$	☐
$y = 0{,}5x + 3$	☐

114

AG-L 5.2

Gegeben sind die Parabel par mit der Gleichung $y^2 = 4x$ und die Gerade g mit g: $x + 2y = a$, wobei a eine reelle
Zahl ist.

Bestimme den Wert des Parameters a so, dass die Gerade g eine Tangente an die Parabel im Punkt $P = (4 \mid y_P)$ ist.

$a = $ _____

2.6 Ebene Kurven in Parameterdarstellung

Dieser Abschnitt enthält keine Reifeprüfungs- und Lehrplan-Grundkompetenzen.

3. Polynomfunktionen und ihre Ableitungen

3.1 Ableitung von Polynomfunktionen

Ziel	Polynomfunktionen differenzieren	AN-R 2.1

115
AN-R 2.1

Kreuze die beiden zutreffenden Aussagen an!

$f(x) = 2x^3 + 4x \Rightarrow f'(x) = 6x^2 + 4x$	☐
$f(x) = \frac{x^2 + 2}{2} \Rightarrow f'(x) = x$	☐
$f(x) = -5x^4 - 3x + 2 \Rightarrow f'(x) = -5x^3 - 3$	☐
$f(x) = \frac{3x^2}{4} + x \Rightarrow f'(x) = \frac{3}{2}x + 1$	☐
$f(x) = (x^3 + 1)x^2 \Rightarrow f'(x) = 3x^2 \cdot 2x$	☐

116
AN-R 2.1

Ordne jeder Funktion die entsprechende Ableitungsfunktion (aus A bis F) zu!

$f(x) = x^2(x^2 + x)$	
$f(x) = \frac{1}{4}(2x^2 + 8)$	
$f(x) = 2x^3 + 8x$	
$f(x) = x^4 + 2x^2$	

A	$f'(x) = 4(x^3 + x)$
B	$f'(x) = 2x$
C	$f'(x) = 2x(2x + 1)$
D	$f'(x) = 6x^2 + 8$
E	$f'(x) = x$
F	$f'(x) = 4x^3 + 3x^2$

117
AN-R 2.1

Gegeben ist eine Polynomfunktion s mit $s(t) = 3t^3 - 5t + 18$.
Berechne die 1. Ableitung dieser Funktion!

$s'(t) =$ _____

118
AN-R 2.1

Gegeben sind die beiden Polynomfunktionen f und g sowie die Konstante $c \in \mathbb{R}^*$.
Kreuze die beiden zutreffenden Aussagen an!

$[c \cdot f]' = c \cdot f'$	☐
$[c + f]' = c + f'$	☐
$[c]' = c$	☐
$[g + f]' = g' + f'$	☐
Ist $[c \cdot g]' = [c \cdot f]'$, so ist $g = f$	☐

119
AN-R 2.1

Gegeben sind zwei Polynomfunktionen f und g sowie eine reelle Zahl $c \neq 0$.
Welche der nachstehenden Ableitungsregeln sind korrekt?
Kreuze die beiden zutreffenden Aussagen an!

$[c^2 \cdot f(x)]' = 2c \cdot f'(x)$	☐
$[f(x) + g(x)]' = f'(x) + g'(x)$	☐
$[c + f(x)]' = 1 + f'(x)$	☐
$[c^3 + c]' = 3c^2 + 1$	☐
$[c^2 \cdot f(x)]' = c^2 \cdot f'(x)$	☐

120
AN-R 2.1

Gegeben ist die Funktion f mit $f(x) = x^4 - 3x^2 + 2$.
Gib die Termdarstellung einer Funktion g ($g \neq f$) an, die dieselbe Ableitungsfunktion wie f hat!

$g(x) =$ _____

121

AN-R 2.1

Ordne jeder Funktion f die Steigung der Tangente an der Stelle $x = 1$ (aus A bis F) zu!

$f(x) = 0,5x^2 + 4x + 1$	
$f(x) = \dfrac{x^2 + 6}{2}$	
$f(x) = \dfrac{x^3}{3} + 2x - 7$	
$f(x) = \dfrac{1}{2} \cdot (x^4 - 2x^2)$	

A	0
B	1
C	2
D	3
E	4
F	5

122

AN-R 2.1

Berechne die Steigung der Tangente an den Graphen von f mit $f(x) = 0,4x(x + 2)(x - 3)$ im Punkt $P = (3 \mid f(3))$.

123

AN-R 2.1

Gegeben ist die Funktion f mit $f(x) = \dfrac{x^2}{2} - 5x$.

Berechne die Koordinaten jenes Punktes P auf dem Graphen von f, in dem die Funktion die Steigung 3 hat!

$P = (\underline{\hspace{1cm}} \mid \underline{\hspace{1cm}})$

124

AN-R 2.1

Gegeben ist die Funktion f mit $f(x) = 2x^2 + 4x - 1$.

Berechne, in welchem Punkt f die Steigung 4 hat.

125

AN-R 2.1

Für einen vermeintlich perfekten Pass muss ein Fußball auf eine bestimmte Flugbahn gebracht werden. Diese kann näherungsweise durch die Funktion h mit $h(x) = -\dfrac{1}{24}(x - 11)^2 + 5$ beschrieben werden. Dabei gibt h die Höhe des Fußballs (in m) an und x die waagrechte Entfernung (in m) von der Abschussstelle.

Berechne, unter welchem Winkel der Fußball abgeschossen werden muss, sodass er diese Flugbahn beschreibt.

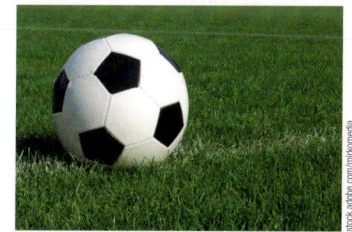

126

AN-R 2.1

Die Flugbahn eines Körpers kann näherungsweise durch die Funktion s mit $s(t) = 0,124(-t^2 + 2t + 0,5)$ beschrieben werden. Dabei gibt s die Höhe des Körpers (in m) an und t die Zeit (in s).

Berechne, mit welcher Geschwindigkeit der Ball am Boden aufschlägt.

3.2 Nullstellen – Gleichungen höheren Grades

| Ziel | Nullstellen von Polynomfunktionen vom Grad $n > 2$ berechnen | FA-R 4.4 |

127

FA-R 4.4

Gegeben ist der Graph einer Polynomfunktion.

Kennzeichne alle Stellen auf der x-Achse, für die gilt: $f(x) = 0$

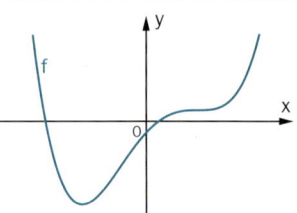

128

FA-R 4.4

Ergänze die Textlücken im folgenden Satz durch Ankreuzen der jeweils richtigen Satzteile so, dass eine mathematisch korrekte Aussage entsteht!

Eine Polynomfunktion mit _____ ① _____ verschiedenen Nullstellen _____ ② _____ vom Grad 3 sein.

①	
zwei	☐
drei	☐
vier	☐

②	
muss	☐
muss mindestens	☐
kann höchstens	☐

129

FA-R 4.4

Ergänze die Textlücken im folgenden Satz durch Ankreuzen der jeweils richtigen Satzteile so, dass eine mathematisch korrekte Aussage entsteht!

Eine Polynomfunktion vom Grad _____ ① _____ hat mindestens eine und höchstens _____ ② _____ Nullstellen.

①	
3	☐
4	☐
5	☐

②	
zwei	☐
drei	☐
vier	☐

130

FA-R 4.4

Kreuze die zutreffende(n) Aussage(n) an!

Eine Polynomfunktion vom Grad 2 hat maximal zwei Nullstellen.	☐
Eine Polynomfunktion vom Grad 4 hat mindestens eine Nullstelle.	☐
Eine Polynomfunktion vom Grad 5 hat mindestens eine Nullstelle.	☐
Eine Polynomfunktion vom Grad 3 hat entweder gar keine, eine, zwei oder drei Nullstelle(n).	☐
Eine Polynomfunktion vom Grad 4 hat höchstens drei Nullstellen.	☐

131

FA-R 4.4

Gegeben ist die Funktion f mit $f(x) = (x^2 - 4)(x + 4)^2$.

Kreuze die beiden zutreffenden Aussagen an!

f ist eine Polynomfunktion 3. Grades.	☐
f hat drei verschiedene Nullstellen.	☐
f hat keine doppelte Nullstelle.	☐
$f'(4) = 0$	☐
$f(-2) = 0$	☐

132

FA-R 4.4

Gegeben ist die Funktion f mit $f(x) = (x^2 - 25)(x + a)$, wobei $a \in \mathbb{R}$.

Gib jene Werte von a an, für die die Funktion f eine doppelte Nullstelle besitzt!

133

FA-R 4.4

Von einer Polynomfunktion f dritten Grades kennt man die Termdarstellung: $f(x) = (x + a^2)(x + b)^2$ $(a, b \in \mathbb{R})$.

Wie viele Nullstellen kann diese Funktion haben? Kreuze die beiden zutreffenden Aussagen an!

keine	☐
eine dreifache	☐
eine einfache und eine doppelte	☐
drei einfache	☐
zwei doppelte	☐

134

AN-R 3.3

Eine Polynomfunktion f ist durch ihren Graphen gegeben.

Gib alle Stellen mit folgender Eigenschaft an:
$f(x) = f'(x) = 0$ und $f''(x) \neq 0$

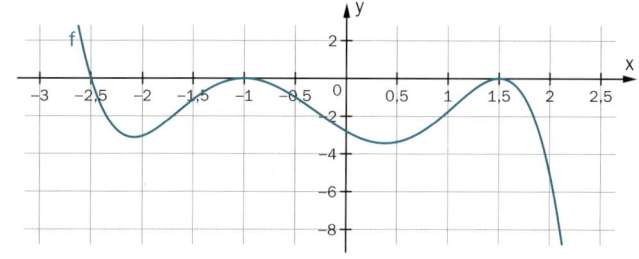

135

AN-R 3.3

Nullstellen einer Polynomfunktion können unterschiedliche Vielfachheit haben. x_0 ist eine Nullstelle mit Vielfachheit k einer Polynomfunktion f, wenn
$f(x_0) = f'(x_0) = f''(x_0) = \ldots = f^{(k-1)}(x_0) = 0$ und $f^{(k)}(x_0) \neq 0$.

Eine Polynomfunktion f ist durch ihren Graphen gegeben.

Begründe, dass die Nullstelle an der Stelle 5 mindestens Vielfachheit 3 hat.

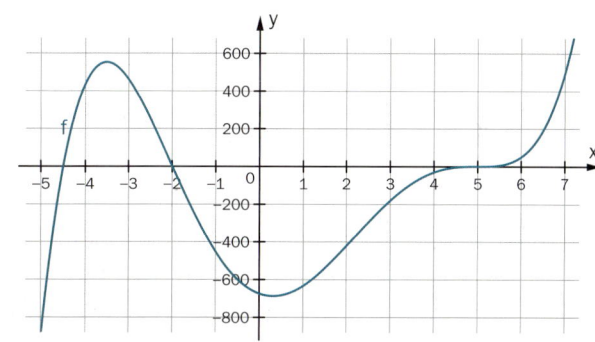

3.3 Monotonie und lokale Extremstellen – 1. Ableitung

| **Ziel** | Monotonieverhalten mithilfe der 1. Ableitung beschreiben | FA-R 4.4, AN-R 3.2, 3.3 |

136

AN-R 3.3

Gegeben ist der Graph einer Polynomfunktion.

Kennzeichne alle Stellen auf der x-Achse, für die gilt:
$f'(x) = 0$.

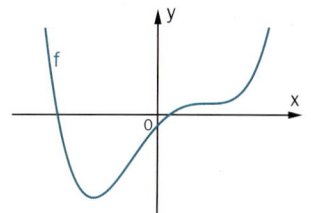

137

AN-R 3.3

Gegeben ist der Graph einer Polynomfunktion f.

Kreuze die zutreffende(n) Aussage(n) an!

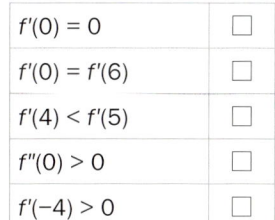

$f'(0) = 0$	☐
$f'(0) = f'(6)$	☐
$f'(4) < f'(5)$	☐
$f''(0) > 0$	☐
$f'(-4) > 0$	☐

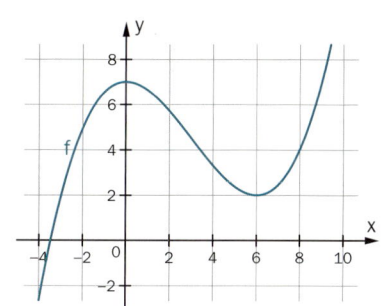

138

AN-R 3.3

Skizziere den Graphen der Polynomfunktion f vom Grad 3 mit folgenden Eigenschaften:

- $f'(3) = 0$
- $f'(0) = 0$
- $f''(0) > 0$
- $f(2) = 2$

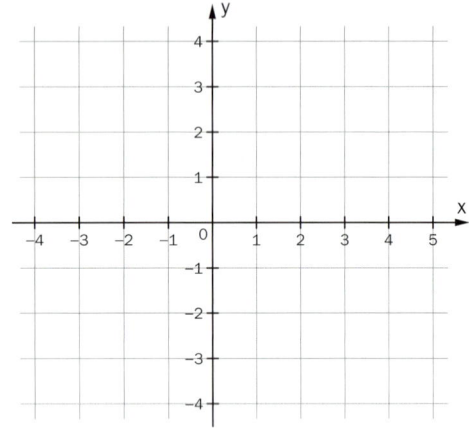

139

AN-R 3.3

Von einer Polynomfunktion f sind folgende Eigenschaften bekannt: $f(2) = 0$, $f'(2) = 0$, $f''(2) = 2$

Kreuze die beiden zutreffenden Aussagen an!

Die Funktion f schneidet die y-Achse im Punkt $(0\,|\,2)$.	☐
Das Krümmungsverhalten der Funktion ändert sich zumindest an einer Stelle.	☐
An der Stelle 2 besitzt die Funktion eine Extremstelle.	☐
Die Funktion hat an der Stelle 2 eine lokale Maximumstelle.	☐
Die Funktion ist an der Stelle 2 positiv gekrümmt.	☐

140

AN-R 3.3

Für eine Funktion f gilt an der Stelle a, dass $f'(a) = 0$.

Begründe, warum die Funktion f an der Stelle nicht zwingendermaßen eine Extremstelle besitzt.

141

AN-R 3.3

Gegeben ist die Polynomfunktion f mit $f(x) = \frac{x^4}{8} - \frac{4x^3}{3} + 4x^2 + 1$.

Zeige durch geeignete Rechnungen, dass f an der Stelle $x = 0$ eine lokale Minimumstelle hat.

142

AN-R 3.3

Die Flugbahn eines Fußballes kann näherungsweise durch die Funktion h mit $h(x) = -\frac{1}{24}(x - 11)^2 + 5$ beschrieben werden. Dabei gibt h die Höhe des Fußballs (in m) an und x die waagrechte Entfernung (in m) von der Abschussstelle.

Berechne die maximale Flughöhe des Fußballs.

143

AN-R 3.3

Begründe, warum eine quadratische Funktion f der Form $f(x) = ax^2 + bx + c$ mit $a, b, c \in \mathbb{R}$, $a \neq 0$ genau eine Extremstelle besitzt.

144 Kreuze die beiden zutreffenden Aussagen an!

FA-R 4.4

Eine Polynomfunktion, die zwei lokale Extremstellen hat, muss mindestens Grad 3 haben.	☐
Jede Polynomfunktion, deren Grad größer als 4 ist, hat mindestens eine lokale Extremstelle.	☐
Eine Polynomfunktion vierten Grades hat höchstens vier lokale Extremstellen.	☐
Eine Polynomfunktion vom Grad 4 hat mindestens eine lokale Extremstelle.	☐
Jede Polynomfunktion vom Grad 3 hat mindestens eine lokale Extremstelle.	☐

145 Ordne jeder Polynomfunktion f den Graphen der Ableitungsfunktion f' (aus A bis D) zu!

AN-R 3.2

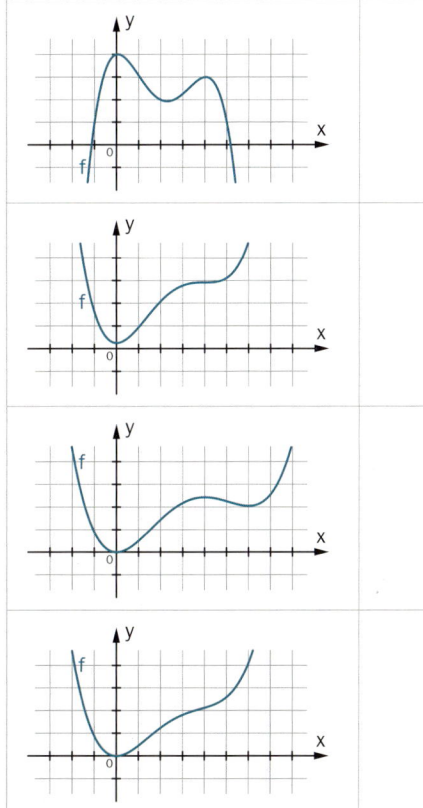

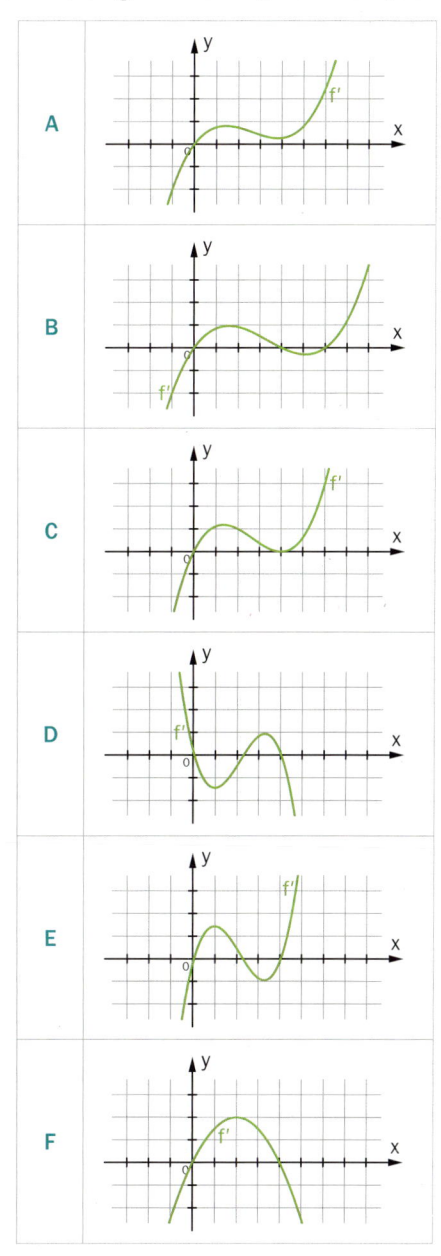

146 Gegeben ist eine Polynomfunktion vom Grad n mit $n \geq 2$.

AN-R 3.2

Kreuze die beiden zutreffenden Aussagen an!

Wenn f an der Stelle x_0 eine Nullstelle hat, dann hat f' dort auch eine Nullstelle.	☐
Wenn f an der Stelle x_0 eine Extremstelle hat, dann hat f' dort eine Nullstelle.	☐
Wenn f den Grad n hat, dann ist f' vom Grad $n + 1$.	☐
Wenn f im Intervall $(-\infty; x_0)$ streng monoton steigend ist, dann hat f' in diesem Intervall pos. Funktionswerte.	☐
Wenn f an der Stelle x_0 eine Extremstelle hat, dann hat f' dort auch eine Extremstelle.	☐

147

AN-R 3.2

Gegeben ist der Graph einer Polynomfunktion f.

Skizziere den Graphen der Ableitungsfunktion f'.

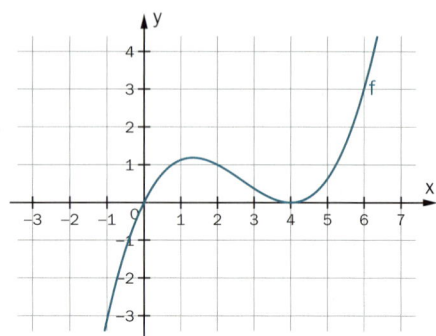

148

AN-R 3.3

Gegeben ist der Graph einer Polynomfunktion f vom Grad 3.

Kreuze die beiden zutreffenden Aussagen an!

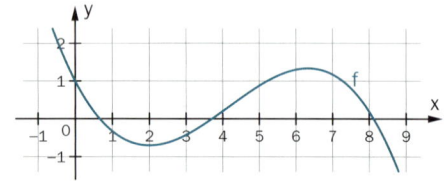

f' ist im Intervall (4; 8) positiv.	☐
f' hat drei Nullstellen.	☐
f' hat nur einfache Nullstellen.	☐
f'(2) = 0	☐
f(1) = 0	☐

3.4 Krümmung und Wendestellen – 2. Ableitung

Ziel	Krümmungsverhalten mithilfe der 2. Ableitung beschreiben	FA-R 4.4, AN-R 3.2, 3.3

149

AN-R 3.3

Gegeben ist der Graph einer Polynomfunktion.

Kennzeichne alle Stellen auf der x-Achse, für die gilt: f''(x) = 0

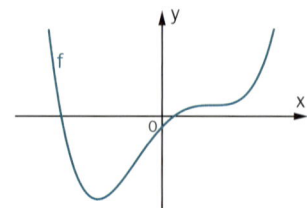

150

AN-R 3.3

Gegeben ist der Graph der Polynomfunktion f.

Kreuze die beiden zutreffenden Aussagen an!

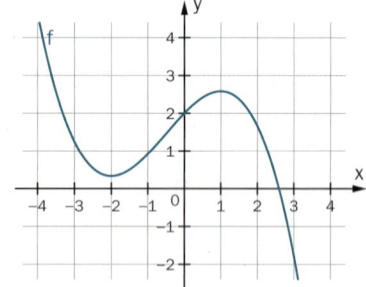

f''(x) > 0 für alle x ∈ (−2; 1)	☐
f'(−2) = 0 und f''(−2) > 0	☐
f''(0,5) = 0	☐
f'(0) > 0 und f''(0) < 0	☐
f''(2) = 0	☐

151

AN-R 3.3

Gegeben ist die Polynomfunktion f.

Kreuze die beiden zutreffenden Aussagen an!

Besitzt die Funktion an der Stelle a eine Wendestelle, so gilt: f''(a) = 0	☐
Ist f'(x) < 0 für alle x ∈ (x_1; x_2), so ist die Funktion im Intervall (x_1; x_2) linksgekrümmt.	☐
Die Lösungen der Gleichung f'(x) = 0 sind die Nullstellen der Funktion f.	☐
Ist f'(x_1) < 0 und f'(x_2) > 0, wobei x_1 < a < x_2 ist, so besitzt f an der Stelle a eine Wendestelle.	☐
Die Funktion ist genau dann auf ganz ℝ streng monoton steigend, wenn f'(x) > 0 für alle x ∈ ℝ.	☐

152

AN-R 3.3

Eine Polynomfunktion f vom Grad 4 besitzt im Punkt $P = (2\,|\,1)$ einen Sattelpunkt.

Kreuze die beiden Abbildungen an, die den Graphen der Funktion f darstellen können!

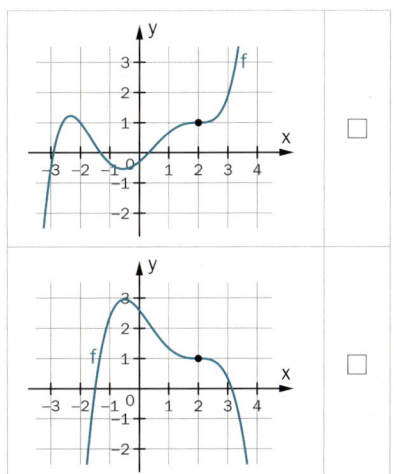 ☐

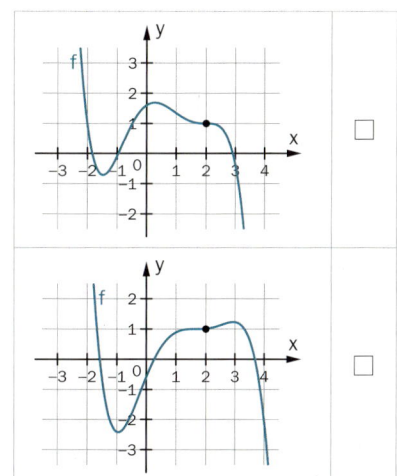 ☐

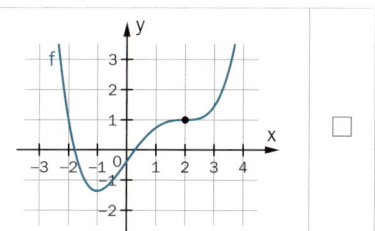 ☐

153

AN-R 3.3

Gegeben ist die Funktion f mit $f(x) = x^3 - 6x^2 + 5x$.

Zeige, dass die Funktion f an der Stelle $x = 2$ eine Wendestelle hat und berechne die Koordinaten des Wendepunktes W.

$W =$ _____

154

AN-R 3.3

Die Funktion f mit $f(x) = -3x^3 + 9x^2 - 4$ hat im Punkt $W = (1\,|\,2)$ einen Wendepunkt.

Gib die Gleichung der Wendetangente t_w an!

t_w: $y =$ _____

155

AN-R 3.3

Jede Polynomfunktion f vom Grad 3 hat die Termdarstellung $f(x) = ax^3 + bx^2 + cx + d$ mit den Parametern $a, b, c, d \in \mathbb{R}$ und $a \neq 0$.

Begründe formal rechnerisch, dass jede Polynomfunktion vom Grad 3 genau eine Wendestelle hat.

156

AN-R 3.3

Die Anzahl der Nullstellen, lokalen Extremstellen und Wendestellen einer Polynomfunktion hängt von ihrem Grad ab.

Kreuze die zutreffende(n) Aussage(n) an!

Eine Polynomfunktion 3. Grades hat mindestens eine Nullstelle.	☐
Eine Polynomfunktion 4. Grades kann eine vierfache Nullstelle besitzen.	☐
Eine Polynomfunktion 3. Grades hat genau eine Wendestelle.	☐
Eine Polynomfunktion 2. Grades besitzt zwei Nullstellen.	☐
Eine Polynomfunktion 3. Grades besitzt zwei lokale Extremstellen.	☐

157

FA-R 4.4

Kreuze die beiden Aussagen an, die auf eine Polynomfunktion f vom Grad 4 zutreffen können!

f hat zwei Nullstellen und drei davon verschiedene lokale Extremstellen.	☐
f hat vier Nullstellen und drei davon verschiedene Wendestellen.	☐
f hat zwei Nullstellen und zwei Sattelstellen.	☐
f hat drei lokale Extremstellen und vier Wendestellen.	☐
f hat eine lokale Extremstelle und keine Wendestelle.	☐

158

AN-R 3.2

Eine Polynomfunktion f ist durch ihren Graphen gegeben.

Ergänze die Lücken im folgenden Satz durch Ankreuzen der jeweils richtigen Abbildungen so, dass eine mathematisch korrekte Aussage entsteht!

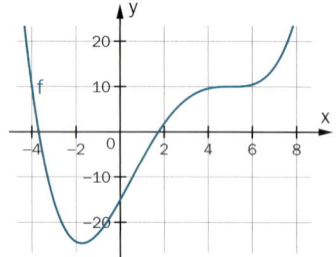

Der Graph der 1. Ableitungsfunktion f' ist gegeben durch _____ ① _____ , und

der Graph der 2. Ableitungsfunktion f'' ist gegeben durch _____ ② _____ .

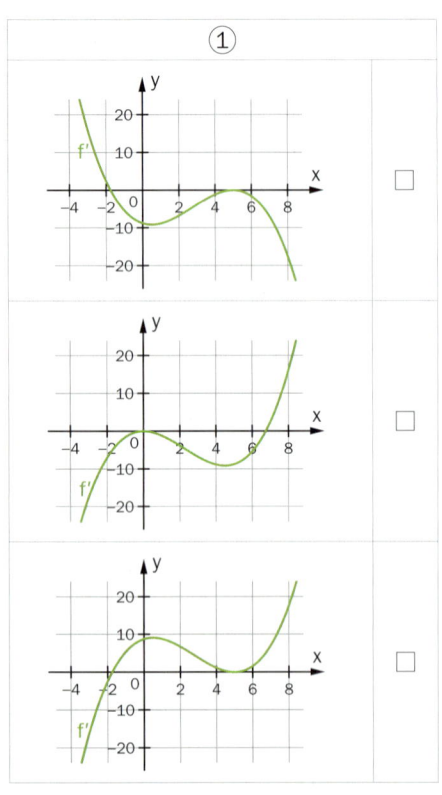

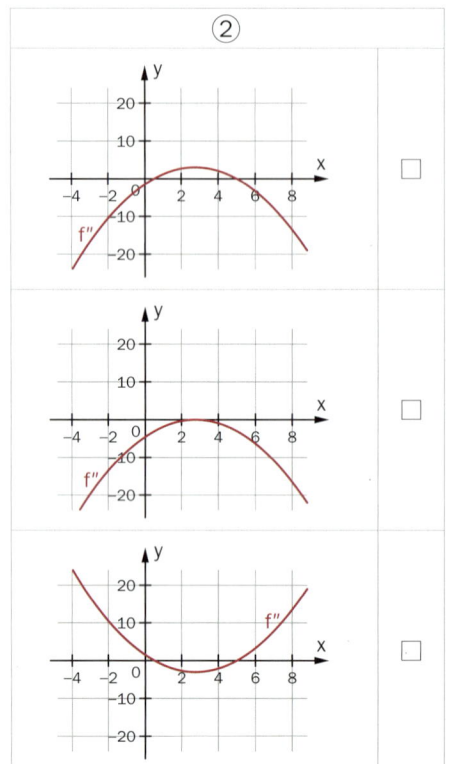

159

AN-R 3.3

Gegeben ist der Graph einer Polynomfunktion f vom Grad 4.

Kreuze die zutreffende(n) Aussage(n) an!

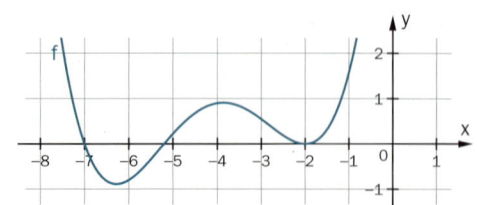

f ändert zweimal ihr Krümmungsverhalten.	☐
f' hat drei Nullstellen.	☐
f'' ist im Intervall $(-5; -3)$ negativ.	☐
$f'(-2) = 0$	☐
$f(-2) = 0$	☐

160

AN-R 3.3

Gegeben ist der Graph einer Polynomfunktion f vom Grad 4.
Kreuze die beiden zutreffenden Aussagen an!

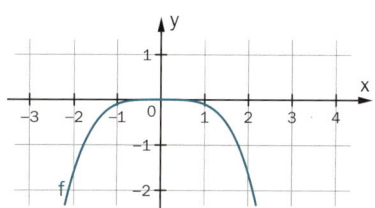

f ändert mindestens einmal ihr Krümmungsverhalten.	☐
f'' hat zwei Nullstellen.	☐
f'' ist im Intervall (1; 2) negativ.	☐
f'' hat einen Hochpunkt.	☐
f hat genau einen Wendepunkt.	☐

161

AN-R 3.3

Eine Polynomfunktion f vom Grad 4 besitzt einen Terrassenpunkt, also einen Wendepunkt mit waagrechter Tangente.
Kreuze die beiden zutreffenden Aussagen an!

f hat genau eine lokale Extremstelle.	☐
f kann drei unterschiedliche Nullstellen haben.	☐
f'' kann keine Nullstellen haben.	☐
f' hat keine zweifache Nullstelle.	☐
f'' hat eine lokale Extremstelle.	☐

Training: Anwendungsaufgaben

Ziel	Anwendungsaufgaben mithilfe der Differentialrechnung bearbeiten	AN-R 3.3, FA-R 1.5

162

AN-R 3.3

Eine Silvesterrakete wird senkrecht nach oben geschossen. Ihre Höhe (in m) in Abhängigkeit von der Zeit t in Sekunden lässt sich für ein bestimmtes Zeitintervall näherungsweise durch die Polynomfunktion h mit $h(t) = -8{,}95t^2 + 50{,}14t$ beschreiben.

Berechne die Koordinaten des lokalen Extrempunktes von h und interpretiere sie im gegebenen Kontext!

163

AN-R 3.3

Der Graph der Funktion f zeigt den Verlauf einer Grippewelle über einen Zeitraum von sechs Wochen.
Die Funktion f ist eine Polynomfunktion 3. Grades mit einer Wendestelle bei $x = 3$.
Kreuze die beiden zutreffenden Aussagen an!

Die Anzahl der Neuerkrankten steigt in den ersten drei Wochen.	☐
Am Beginn des Beobachtungszeitraumes waren 1 000 Personen erkrankt.	☐
Nach einer Woche steigt die Anzahl der Erkrankten stärker als nach drei Wochen.	☐
In den ersten fünf Wochen steigt die Anzahl der Erkrankten wöchentlich um durchschnittlich 800 Personen.	☐
Die momentane Änderungsrate der Anzahl der Erkrankten ist nach einer Woche kleiner als nach drei Wochen.	☐

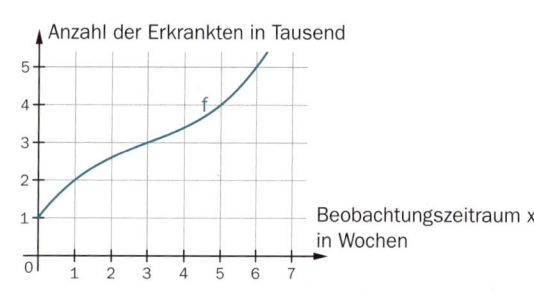

164

AN-R 3.3

Der Tagestemperaturverlauf von Wien für einen Sommertag lässt sich annähernd durch eine Polynomfunktion vom Grad 3 beschreiben. Für $0 \leq t \leq 22$ gilt näherungsweise:

$$T(t) = \frac{1}{1000} \cdot (-14\,t^3 + 411\,t^2 - 2\,218\,t + 19\,089)$$

Dabei ist t die Zeit in Stunden nach 0 Uhr und $T(t)$ die Temperatur in °C zum Zeitpunkt t.

Der Graph der Funktion T ist im nebenstehenden Diagramm abgebildet.

Beschreibe, wie man den Unterschied zwischen maximaler und minimaler Temperatur an dem betreffenden Sommertag mithilfe der Differenzialrechnung berechnen kann!

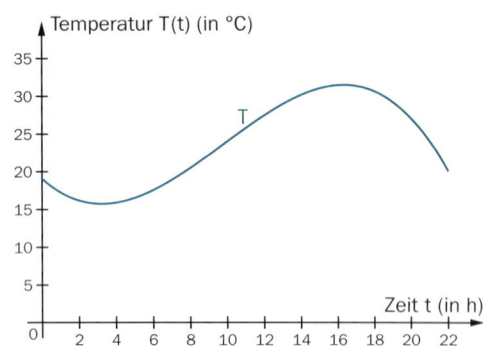

165

AN-R 1.3

Airbags werden häufig von sogenannten Drucksensoren gesteuert, welche andauernd den Umgebungsdruck messen. So wird etwa bei einem Seitenairbag stets der Druck in der Tür des Autos überwacht.
Dieser Druck kann kann als Funktion p in Abhängigkeit von der Zeit t durch $p(t)$ festgelegt werden.
Ein Airbag löst genau dann aus, wenn gilt: $p'(t) \geq a$ mit $a \in \mathbb{R}^+$

Formuliere die Bedingung, unter der ein Airbag auslöst, mit Worten.

166

AN-R 3.2

In der Wirtschaftsmathematik bezeichnet man die 1. Ableitung der Kostenfunktion K als *Grenzkostenfunktion* K'.
Beide Funktionen sind unter anderem für die Ermittlung eines Betriebsoptimums erforderlich.

Die durch ihren Graphen gegebene Kostenfunktion K ist eine Polynomfunktion vom Grad 3.

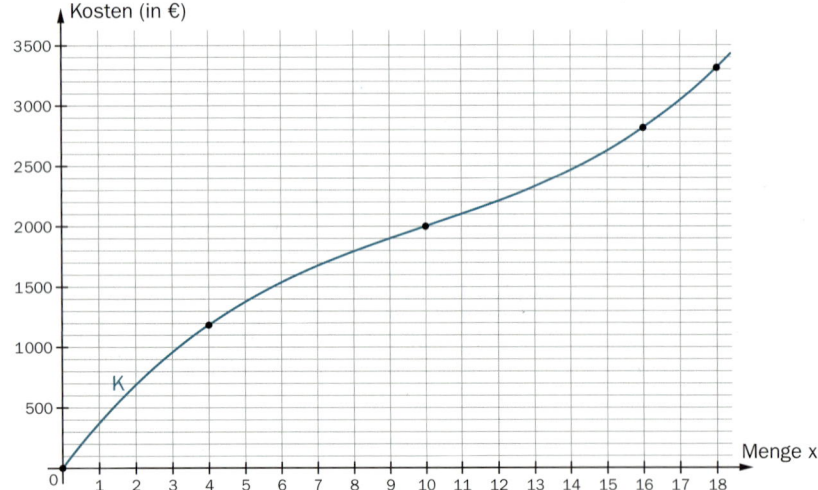

Skizziere den Graphen der Grenzkostenfunktion K' im obigen Diagramm.

Hinweis: An den markierten Punkten können die Funktionswerte von K' mit ausreichender Genauigkeit ermittelt werden.

167

AN-R 3.3

Während eines Hochwassers wurde der Pegelstand eines Flusses in regelmäßigen Abständen gemessen. Die Abweichung vom Normalzustand in Abhängigkeit von der Zeit t kann näherungsweise durch die Polynomfunktion p vom Grad 3 beschrieben werden.

Ordne jeder Fragestellung eine Information über die Funktion p (aus A bis F) zu, auf deren Basis sie beantwortet werden kann!

Wann war der Pegelstand am höchsten?	
Wann ist der Pegelstand am stärksten gestiegen?	
Wie hat sich der Pegelstand in den ersten Tagen entwickelt?	
Wie lange dauert es, bis der Pegelstand wieder auf den üblichen Wert gesunken ist?	

A	Nullstelle(n)
B	Extremstelle(n)
C	Wendestelle
D	Monotonieintervall(e)
E	Krümmungsintervall(e)
F	$p(0)$

Training: Untersuchen von Polynomfunktionen

Ziel	Polynomfunktionen mithilfe der Differentialrechnung untersuchen	AN-R 3.2, 3.3

168

AN-R 3.3

Gegeben ist der Graph einer Polynomfunktion f vierten Grades.

Kreuze die zutreffende(n) Aussage(n) an!

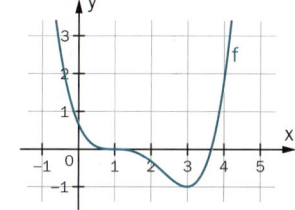

Der Grad der Polynomfunktion entspricht der Anzahl der verschiedenen Nullstellen.	☐
Für $x \in (3; \infty)$ gilt: $f'(x) > 0$	☐
f ist im Intervall $(-\infty; 1)$ positiv gekrümmt.	☐
Es gibt mehr Stellen x_0 mit $f'(x_0) = 0$ als Extremstellen.	☐
$f'(3) = 0$ und $f''(3) < 0$	☐

169

AN-R 3.3

Gegeben ist der Graph einer Polynomfunktion f vom Grad 3.

Kreuze die zutreffende(n) Aussage(n) an!

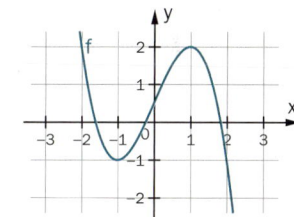

Für $x < 0$ gilt: $f''(x) > 0$	☐
Die Wendetangente hat eine positive Steigung.	☐
Die Funktion hat zwei lokale Extremstellen.	☐
$f''(1) < 0$	☐
Die Funktion ist im Intervall $(-1; 1)$ streng monoton steigend.	☐

170

AN-R 3.3

Gegeben ist der Graph der Ableitungsfunktion f'.

Beschreibe das Monotonieverhalten der Funktion f im Intervall $[-5; 3]$.

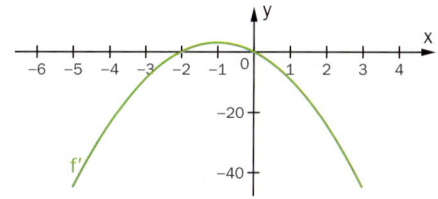

171

AN-R 3.3

Gegeben ist der Graph der Ableitungsfunktion f' einer Polynomfunktion f.

Kennzeichne alle Stellen, für die gilt: $f''(x) = 0$

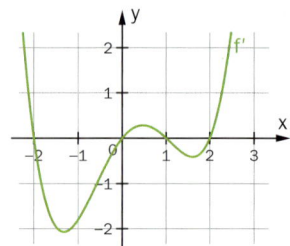

172

AN-R 3.3

Gegeben ist der Graph der Ableitungsfunktion f'.

Kreuze die beiden zutreffenden Aussagen an!

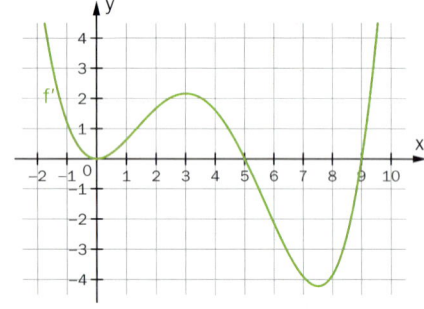

$f''(4) < 0$	☐
Die Funktion f ist höchstens vom Grad 4, da f' drei Nullstellen besitzt.	☐
$f(0) = f(5)$	☐
$f''(3)$ ist positiv.	☐
Die Funktion f'' ist vom Grad 3.	☐

173

AN-R 3.2

Gegeben ist eine Polynomfunktion f, ihre Ableitungsfunktion f' sowie die zweite Ableitung f''.

Kreuze die beiden zutreffenden Aussagen an!

Wenn f' an der Stelle x_0 eine Extremstelle hat, dann hat f'' dort eine Nullstelle.	☐
Wenn f an der Stelle x_0 einen Wendepunkt hat, dann hat f' dort eine Nullstelle.	☐
Wenn f' an der Stelle x_0 eine Extremstelle hat, dann hat f dort eine Wendestelle.	☐
Wenn f'' an der Stelle x_0 eine Nullstelle hat, dann hat f dort eine Wendestelle.	☐
Wenn f an der Stelle x_0 eine Extremstelle hat, dann hat f'' dort eine Nullstelle.	☐

174

AN-R 3.3

Gegeben ist der Graph der Ableitungsfunktion f' einer Polynomfunktion f.

Kreuze die zutreffende(n) Aussage(n) an!

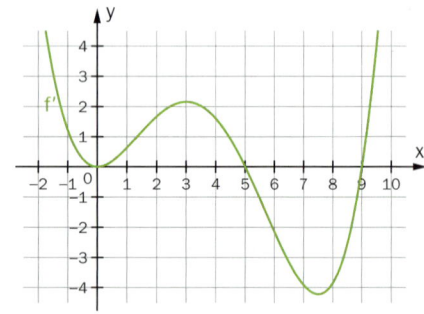

Die Funktion f ist vom Grad 5.	☐
f hat an der Stelle 3 eine Wendestelle.	☐
An der Stelle 0 hat f eine Sattelstelle.	☐
f ist in $(-\infty; 3)$ streng monoton steigend.	☐
f ist in $(2; 5)$ rechtsgekrümmt.	☐

175

AN-R 3.2

Von einer Polynomfunktion f ist der Graph der Ableitungsfunktion f' gegeben.

Kreuze die beiden zutreffenden Aussagen an!

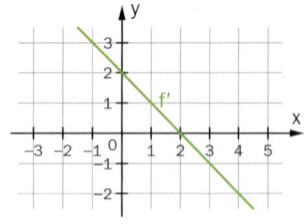

f ist im Intervall $(0; 2)$ streng monoton fallend.	☐
f hat an der Stelle $x = 2$ eine lokale Maximumstelle.	☐
f hat an der Stelle 3 die Steigung -1.	☐
f ist im Intervall $(2; 3)$ linksgekrümmt.	☐
Die Tangente an den Graphen von f im Punkt $(0\,|\,f(0))$ hat die Steigung -1.	☐

176

AN-R 3.2

Von einer Polynomfunktion f ist der Graph der Ableitungsfunktion f′ gegeben.

Zeichne die 2. Ableitung von f in das gegebene Koordinatesystem ein!

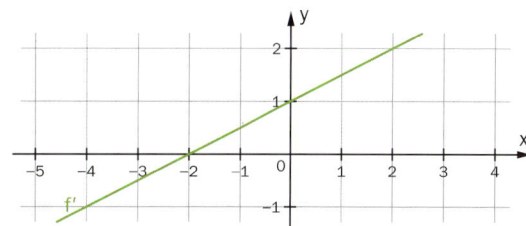

177

AN-R 3.3

Die Ableitungsfunktionen f′ und f″ einer Polynomfunktion f sind durch ihre Graphen gegeben. Die Funktion f hat einen Wendepunkt W.

Erläutere, ob die Wendetangente im Wendepunkt W konstant, streng monoton steigend oder fallend ist.

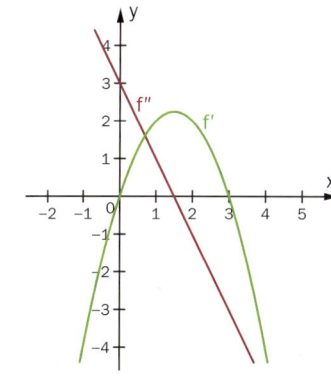

178

AN-R 3.3

In der Abbildung ist der Graph der 1. Ableitungsfunktion f′ einer zumindest dreimal differenzierbaren Funktion f gegeben.
Die Funktion f hat zwei Wendestellen. An einer Wendestelle ist die Funktion f streng monoton steigend, an der anderen Wendestelle ist sie streng monoton fallend.

Gib jene Wendestelle x_W von f an, an der die Funktion f streng monoton fallend ist.

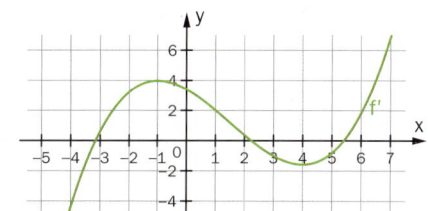

$x_W =$ _____

179

AN-R 3.2

Von einer Polynomfunktion f ist der Graph der 2. Ableitungsfunktion f″ gegeben.

Kreuze die beiden zutreffenden Aussagen an!

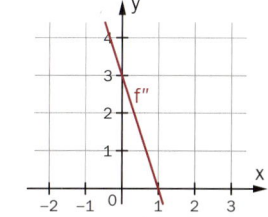

f ist eine Polynomfunktion vom Grad 3.	☐
f hat an der Stelle x = 1 eine lokale Maximumstelle.	☐
f′ hat an der Stelle x = 1 eine lokale Maximumstelle.	☐
f ist im Intervall (−∞; 1) rechtsgekrümmt.	☐
Es gilt: $f'''(x) = -\frac{1}{3}$	☐

180

AN-R 3.2

Von einer Polynomfunktion f ist der Graph der 2. Ableitungsfunktion f″ gegeben.

Kreuze die beiden zutreffenden Aussagen an!

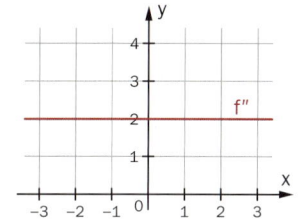

f ist eine Polynomfunktion vom Grad 3.	☐
f hat keinen Wendepunkt.	☐
f′(x) = 2x + c für ein c ∈ ℝ.	☐
f ist auf ganz ℝ rechtsgekrümmt.	☐
Es gilt: $f'''(x) = 2$	☐

3.5 Auffinden einer Polynomfunktion

Ziel	Polynomfunktionen anhand gegebener Eigenschaften ermitteln	AN-R 3.3

181

AN-R 3.3

Der Graph einer Polynomfunktion f vom Grad 3 hat in $W = (3\,|\,7)$ einen Wendepunkt und in $T = (7\,|\,0)$ einen Tiefpunkt.

Kreuze die zutreffende(n) Aussage(n) an!

$f(7) = 3$	☐
$f'(3) = 0$	☐
$f'(7) = 0$	☐
$f''(3) = 0$	☐
$f(3) = 7$	☐

182

AN-R 3.3

Der Graph einer Polynomfunktion f vierten Grades verläuft durch den Punkt $A = (1\,|\,1)$ und berührt die x-Achse im Punkt $B = (3\,|\,0)$. Im Punkt $(2\,|\,f(2))$ besitzt die Funktion die Steigung 1 und an der Wendestelle $x = 2{,}5$ weist sie eine Wendetangente mit positiver Steigung auf.

Kreuze die beiden zutreffenden Aussagen an!

$f'(3) = 0$	☐
$f'(2) = 1$	☐
$f''(2{,}5) > 0$	☐
$f(0) = 3$	☐
$f'(2{,}5) = 0$	☐

183

AN-R 3.3

Für eine Polynomfunktion f zweiten Grades gilt: $f(x) = x^2 + px + q$ mit $p, q \in \mathbb{R}$.
Der Graph der Funktion f geht durch den Punkt $(0\,|\,1)$. Die Steigung der Funktion an der Stelle $x = 0$ ist 0.
Bestimme den Funktionsterm von f.

$f(x) =$ _____

184

AN-R 3.3

Gegeben ist der Graph einer Polynomfunktion f dritten Grades mit $f(x) = ax^3 + bx^2 + cx + d$ $(a, b, c, d \in \mathbb{R}, a \neq 0)$.

Kreuze die Gleichung(en) an, die auf die Funktion f zutrifft bzw. zutreffen.

$3a + 2b + c = 0$	☐
$d = 0$	☐
$3a - 2b + c = 0$	☐
$b = 0$	☐
$a + b + c + d = 0$	☐

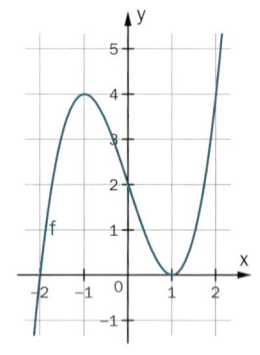

185

AN-R 3.3

Der Graph einer Polynomfunktion f dritten Grades hat in $W = (0\,|\,0)$ einen Wendepunkt und ein Extremum im Punkt $A = (2\,|\,8)$.
Bestimme die Termdarstellung von f.

$f(x) =$ _____

186

AN-R 3.3

Eine Polynomfunktion f hat folgende Eigenschaften:

- $f'(-3) = 0$
- $f''(-3) < 0$
- $f(5) = f'(5) = f''(5) = 0$
- $f'''(5) \neq 0$

Skizziere im gegebenen Koordinatensystem einen möglichen Graphen der Polynomfunktion f.

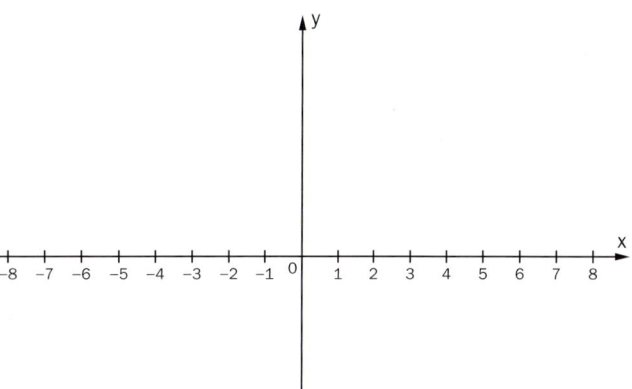

187

AN-R 3.3

Eine Polynomfunktion f hat folgende Eigenschaften:

- $f(-3) = f'(-3) = 0$
- $f''(-3) < 0$
- $f(4) > 0$
- $f''(4) = 0$
- $f'''(4) \neq 0$

Skizziere im gegebenen Koordinatensystem einen möglichen Graphen der Funktion f.

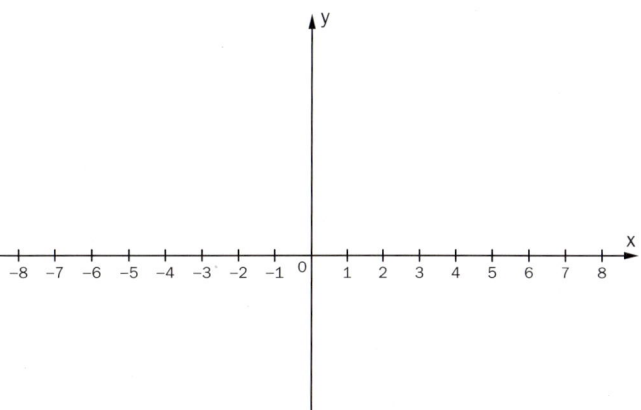

3.6 Extremwertaufgaben

Ziel Globale Extremstellen einer Zielfunktion ermitteln AN-L 3.4

188

AN-L 3.4

Auf einer freien Fläche soll ein rechteckiger Spielplatz errichtet werden. Es stehen 200 m Zaun zur Verfügung.

Berechne die Abmessungen a und b des Spielplatzes, bei denen der Flächeninhalt maximal ist!

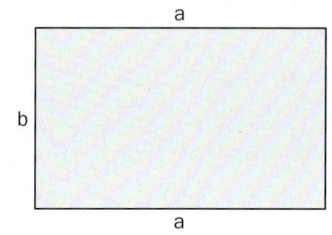

189

AN-L 3.4

Eine Strecke, die s cm lang ist soll so in zwei Teilstrecken x und y zerlegt werden, dass die Summe der Quadrate ihrer Längen möglichst groß ist.

Definiere Haupt- und Nebenbedingung und gib die Zielfunktion an!

4. Nichtlineare Analytische Geometrie im Raum

4.1 Kugel

| Ziel | Kugeln durch Gleichungen beschreiben | AG-L 5.3 |

190

AG-L 5.3

Eine Kugel k ist gegeben durch $(x - 1)^2 + (y + 3)^2 + (z - 2)^2 = 5$.

Bestimme den Mittelpunkt M sowie den Radius r der Kugel!

$M =$ _____ $r =$ _____

191

AG-L 5.3

Kugeln mit demselben Mittelpunkt M heißen *konzentrisch*.

Eine Kugel k_1 ist gegeben durch $(x - 3)^2 + (y + 1)^2 + z^2 = 20$. Eine dazu konzentrische Kugel k_2 hat einen doppelt so großen Radius.

Gib den Mittelpunkt M und den Radius r der konzentrischen Kugel k_2 an.

$M =$ _____ $r =$ _____

192

AG-L 5.3

Eine Kugel k hat den Mittelpunkt $M = (3|-4|1)$ und verläuft durch den Punkt $P = (4|-1|-2)$.

Gib eine Gleichung der Kugel an!

193

AG-L 5.3

Gegeben sind die Punkte $A = (1|-2|5)$ und $B = (4|4|3)$.

Bestimme den Mittelpunkt M sowie den Radius r der Kugel mit dem Durchmesser AB.

$M =$ _____ $r =$ _____

194

AG-L 5.3

Von dem abgebildeten Würfel kennt man die Koordinaten jener Punkte, die in der xy-Ebene des Koordinatensystems liegen:

$A = (0|0|0)$, $B = (4|0|0)$, $C = (4|4|0)$, $D = (0|4|0)$

Dem Würfel soll eine Kugel mit größtmöglichem Radius eingeschrieben werden.

Gib eine Gleichung der Kugel an!

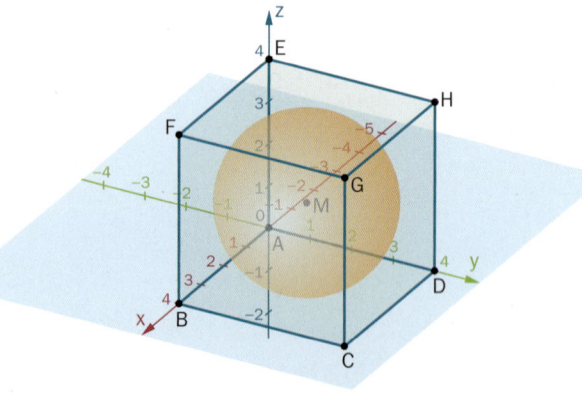

195

AG-L 5.3

Von einem Würfel kennt man die Koordinaten der Eckpunkte:

$A = (0|0|0)$, $B = (2|0|0)$, $C = (2|2|0)$, $D = (0|2|0)$,
$E = (0|0|2)$, $F = (2|0|2)$, $G = (2|2|2)$, $H = (0|2|2)$

Gib eine Gleichung der sogenannten *Umkugel*, d.h. jener Kugel, auf der alle Eckpunkte des Würfels liegen, an!

196

AG-L 5.3

Eine Kugel ist gegeben durch $x^2 + (y-4)^2 + (z-1)^2 = 16$.
Kreuze die beiden Punkte an, die auf der Kugelfläche liegen!

$A = (0\,|\,4\,|\,1)$	☐
$B = (4\,|\,4\,|\,1)$	☐
$C = (4\,|\,5\,|\,0)$	☐
$D = (3\,|\,6\,|\,4)$	☐
$E = (0\,|\,4\,|\,5)$	☐

197

AG-L 5.3

Gegeben ist eine Kugel k durch die Gleichung $(x-1)^2 + y^2 + z^2 = 17$ sowie ein Punkt $P = (-1\,|\,y_P\,|\,-3)$.
Berechne die fehlende Koordinate $y_P < 0$ des Punktes P so, dass $P \in k$.

$y_P = $ _____

198

AG-L 5.3

Gegeben ist eine Kugel k durch die Gleichung $(x-2)^2 + (y+4)^2 + z^2 = 45$ sowie ein Punkt $P = (x_P\,|\,1\,|\,-2)$.
Berechne die fehlende Koordinate $x_P > 0$ des Punktes P so, dass $P \in k$.

$x_P = $ _____

199

AG-L 5.3

Die Gleichung $(x-3)^2 + (y+1)^2 + (z+2)^2 = 25$ beschreibt eine Kugel.
Verändere den Radius r so, dass der Punkt $P = (4\,|\,1\,|\,0)$ auf der Kugel liegt.

$r = $ _____

200

AG-L 5.3

Gib den Mittelpunkt M und den Radius r jener Kugel an, die durch $x^2 + y^2 + z^2 - 6x + 4y - 8z = -19$ beschrieben werden kann.

$M = $ _____ $r = $ _____

201

AG-L 5.3

Ordne jeder Kugel den entsprechenden Mittelpunkt M sowie den Radius r (aus A bis F) zu.

$(x-2)^2 + (y-1)^2 + (z+4)^2 = 9$	
$x^2 + y^2 + z^2 - 4x - 2y - 8z = -12$	
$(x+2)^2 + (y-1)^2 + (z+4)^2 = 9$	
$x^2 + y^2 + z^2 + 4x + 2y - 8z = -5$	

A	$M = (2\,|\,1\,|\,4),\ r = 3$
B	$M = (-2\,|\,-1\,|\,4),\ r = 4$
C	$M = (2\,|\,-1\,|\,4),\ r = 4$
D	$M = (2\,|\,1\,|\,-4),\ r = 3$
E	$M = (-2\,|\,1\,|\,-4),\ r = 3$
F	$M = (-2\,|\,1\,|\,4),\ r = 4$

202

AG-L 5.3

Gegeben sind nichtlineare Gleichungen in den Unbekannten x, y und z. Zwei Gleichungen beschreiben eine Kugel mit Mittelpunkt $M = (0\,|\,1\,|\,-1)$.
Kreuze die beiden Gleichungen an!

$x^2 + y^2 + z^2 + 2y - 2z = 0$	☐
$x^2 - y^2 + z^2 + 2y - 2z = 0$	☐
$x^2 + y^2 + z^2 - 2y + 2z = 0$	☐
$x^2 + (y-1)^2 + (z+1)^2 - 4 = 0$	☐
$x^2 + (y-1)^2 + (z+1)^2 + 4 = 0$	☐

203

AG-L 5.3

Gegeben sind nichtlineare Gleichungen in den Unbekannten x, y und z. Zwei Gleichungen beschreiben eine Kugel mit Radius $r = 1$.

Kreuze die beiden Gleichungen an!

$x^2 + y^2 + z^2 - 2x - 2y + 1 = 0$	☐
$x^2 + y^2 + z^2 + 2x - 2y - 1 = 0$	☐
$x^2 + y^2 + z^2 - 2x - 2y - 2 = 0$	☐
$x^2 + y^2 + z^2 + 2x + 2y - 1 = 0$	☐
$x^2 + y^2 + z^2 + 2x + 2y + 1 = 0$	☐

204

AG-L 5.3

Eine Kugel ist durch die Gleichung $x^2 + y^2 + z^2 = a$ mit $a \in \mathbb{R}^+$ gegeben.

Bestimme die Koordinaten des Mittelpunktes M der Kugel und gib den Radius r an!

$M =$ _____ $r =$ _____

205

AG-L 5.3

Eine Kugel ist durch die Gleichung $x^2 + y^2 + z^2 + ax = b$ für geeignete $a, b \in \mathbb{R}$ gegeben.

Bestimme die Koordinaten des Mittelpunktes M der Kugel!

$M =$ _____

206

AG-L 5.3

Gegeben ist Gleichung einer Kugel: $x^2 + y^2 + z^2 - 2x - 4y = 4$

Kreuze die beiden zutreffenden Aussagen an!

Der Punkt $(0\,|\,0\,|\,2)$ liegt auf der Kugelfläche.	☐
Der Punkt $(1\,|\,2\,|\,0)$ liegt auf der Kugelfläche.	☐
Der Punkt $(-1\,|\,-2\,|\,0)$ ist der Mittelpunkt der Kugel.	☐
Die Kugel hat den Radius 2.	☐
Der Mittelpunkt der Kugel liegt in der xy-Ebene.	☐

207

AG-L 5.3

Gegeben sind Kugeln mit dem Mittelpunkt $M = (x_M\,|\,y_M\,|\,z_M)$ und dem Radius r.

Kreuze die Kugel(n) an, für die gilt: $x_M > 0$, $z_M < 0$, $r > 3$

$x^2 + y^2 + z^2 + 2x + 8y = -10$	☐
$x^2 + y^2 + z^2 - 8x = -6$	☐
$x^2 + y^2 + z^2 - 6x + 2z = -2$	☐
$x^2 + y^2 + z^2 - 10x + 2y + 2z = -15$	☐
$x^2 + y^2 + z^2 - 2z = 4$	☐

208

AG-L 5.3

Gegeben sind nichtlineare Gleichungen in den Unbekannten x, y und z.

Kreuze die beiden Gleichungen an, die keine Kugel beschreiben.

$x^2 + y^2 + z^2 - 4x + 2y - 6z = -24$	☐
$x^2 + y^2 + z^2 - 4x - 6y - 2z = -5$	☐
$x^2 + y^2 + z^2 - 2x + 10y - 6z = -27$	☐
$x^2 + y^2 + z^2 + 2x - 6y - 12z = -50$	☐
$x^2 + y^2 + z^2 + 8x + 2z = -15$	☐

209

AG-L 5.3

Gegeben ist die Gleichung $x^2 + y^2 + z^2 + 12x - 4z = a$ mit $a \in \mathbb{R}$.

Gib an, welche Werte der Parameter a annehmen kann, sodass die Gleichung eine Kugel beschreibt.

4.2 Kugel – Ebene

Ziel	Lagebeziehungen zwischen Kugel und Ebene beschreiben	AG-L 5.3

210

AG-L 5.3

Die Kugel k mit Radius $r = 3$ berührt die xy-Ebene im Punkt $T = (1|4|0)$.
Kreuze die beiden Möglichkeiten für den Mittelpunkt M der Kugel an!

$M = (4|4|0)$	☐
$M = (1|4|3)$	☐
$M = (2|3|3)$	☐
$M = (-2|4|0)$	☐
$M = (1|4|-3)$	☐

211

AG-L 5.3

Ordne jeder Kugel eine passende Eigenschaft (aus A bis F) zu!

$(x - 3)^2 + y^2 + (z - 4)^2 = 16$	
$(x + 4)^2 + (y - 5)^2 + (z + 5)^2 = 6$	
$(x + 3)^2 + (y - 2)^2 + (z - 1)^2 = 9$	
$(x + 1)^2 + (y + 4)^2 + z^2 = 6$	

A	Die Kugel berührt die xy-Ebene.
B	Die Kugel liegt vollständig unterhalb der xy-Ebene.
C	Der Mittelpunkt liegt auf der z-Achse.
D	Der Mittelpunkt liegt in der xy-Ebene.
E	Die Kugel berührt die yz-Ebene.
F	Der Mittelpunkt ist der Koordinatenursprung.

212

AG-L 5.3

Die Lage einer Kugel k wird eindeutig durch die Kugelgleichung beschrieben.
Ordne jeder Lage einer Kugel die entsprechende Kugelgleichung (aus A bis F) zu!

Die Kugel berührt die xz-Ebene.	
Der Kugelmittelpunkt liegt im Koordinatenursprung.	
Alle Punkte der Kugeloberfläche haben ausschließlich positive Koordinaten.	
Der Mittelpunkt der Kugel liegt auf der z-Achse (aber nicht im Koordinatenursprung).	

A	$x^2 + y^2 + z^2 = 5$
B	$x^2 + (y - 5)^2 + (z - 3)^2 = 25$
C	$(x - 3)^2 + (y + 5)^2 + z^2 = 3$
D	$x^2 + y^2 + (z + 3)^2 = 25$
E	$x^2 + (y - 3)^2 + (z - 5)^2 = 25$
F	$(x - 3)^2 + (y - 3)^2 + (z - 5)^2 = 5$

213

AG-L 5.3

Der Durchmesser AB mit $A = (-1|2|3)$ und $B = (7|6|-7)$ einer Kugel k liegt vollständig in der Ebene ε. Die Ebene ε teilt die Kugel k somit in zwei gleich große Hälften.
Gib eine Gleichung der Kugel an!

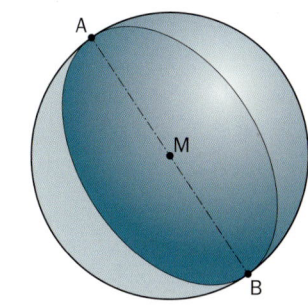

4.3 Geometrische Anwendungen

Dieser Abschnitt enthält keine Reifeprüfungs- und Lehrplan-Grundkompetenzen.

4.4 Kurven im Raum

Dieser Abschnitt enthält keine Reifeprüfungs- und Lehrplan-Grundkompetenzen.

5. Vertiefung und Erweiterung der Differentialrechnung

5.1 Stetigkeit und Differenzierbarkeit (RG)

Dieser Abschnitt enthält keine Reifeprüfungs- und Lehrplan-Grundkompetenzen.

5.2 Allgemeine Ableitungsregeln

Ziel	Summen-, Faktor- und Produktregel anwenden	AN-R 2.1

214
AN-R 2.1

Ermittle die 1. Ableitung der Funktion f mit $f(x) = (-x^2 + 2x)(3x - 7)$.

215
AN-R 2.1

Berechne die 4. Ableitung der Funktion f mit $f(x) = \frac{x^3}{3} - 2x^2 + 4$.

$f^{(4)}(x) = $ _____

216
AN-R 2.1

Gegeben sind zwei differenzierbare Funktionen f und g und reelle Zahlen a und b mit $a \neq 0$.

Für die beiden Funktionen gilt:

$f(x) = \frac{g(x)}{a} + b$ für alle $x \in \mathbb{R}$

Kreuze die beiden zutreffenden Aussagen an!

$f'(x) = -\frac{1}{a^2} g'(x)$	☐
$f'(x) = \frac{g'(x)}{a} + b$	☐
$f'(x) = g'(x)$	☐
$f'(x) = \frac{1}{a} g'(x)$	☐
$f'(x) = \frac{g'(x)}{a}$	☐

217
AN-R 2.1

Eine Funktion f ist gegeben durch $f(x) = (a \cdot x^2 + b \cdot x) \cdot (c \cdot x + d)$ mit den Parametern $a, b, c, d \in \mathbb{R}$.
Berechne die 1. Ableitung $f'(x)$, indem du zuerst die Klammern ausmultiplizierst!

$f'(x) = \ldots$ _____

218
AN-R 2.1

Gegeben sind zwei differenzierbare Funktionen f und g sowie eine reelle Zahl $c \in \mathbb{R}^*$.
Kreuze die zutreffende(n) Aussage(n) an!

$[f]' = 0$	☐
$[c \cdot f]' = f'$	☐
$[f - g]' = f' - g'$	☐
$[f \cdot g]' = f' \cdot g'$	☐
$[c + f]' = f'$	☐

219
AN-R 2.1

Die Logarithmusfunktion f zur Basis $a \in \mathbb{R}^+$ ist gegeben durch $f(x) = \log_a x$.
Die 1. Ableitung von f lautet: $f'(x) = \frac{1}{x \ln a}$. Dabei bezeichnet ln den natürlichen Logarithmus.

Ordne jedem Funktionsterm den Term der entsprechenden 1. Ableitungsfunktion (aus A bis F) zu!

$5 + f(x)$	
$5 \cdot f(x)$	
$f(x) + 5x$	
$\frac{f(x)}{5}$	

A	$\frac{f'(x)}{5}$
B	$5 \cdot f'(x)$
C	$f'(x) + 5x$
D	$f'(x)$
E	$\frac{1}{5} + f'(x)$
F	$f'(x) + 5$

220

AN-R 2.1

Gegeben ist die Funktion f mit $f(a) = \dfrac{a^2 \cdot b \cdot c^3}{b-1}$ mit $b, c \in \mathbb{R}$, $b \neq 1$.

Kreuze die richtige Ableitung $f'(a)$ an.

$f'(a) = \dfrac{2a \cdot b \cdot 3c^3}{b-1}$	☐
$f'(a) = \dfrac{(a^2 \cdot b \cdot c^3)(b-1) - a^2 \cdot b \cdot c^3}{(b-1)^2}$	☐
$f'(a) = 2a$	☐
$f'(a) = \dfrac{2a \cdot b \cdot c^3}{b-1}$	☐
$f'(a) = \dfrac{b \cdot c^3}{b-1}$	☐
$f'(a) = 2a \cdot b \cdot c^3$	☐

221

AN-R 2.1

Ermittle die Ableitung der Funktion f mit $f(b) = \dfrac{a^2 b^3}{c} + a \cdot b$.

$f'(b) = $ _____

222

AN-R 2.1

Die kinetische Energie E wird auch als Bewegungsenergie bezeichnet. Sie ist von der Masse m sowie der Geschwindigkeit v des bewegten Körpers abhängig: $E = \dfrac{mv^2}{2}$

Bestimme die Funktionsterme der Ableitungsfunktionen $E'(m)$ sowie $E'(v)$.

$E'(m) = $ _____

$E'(v) = $ _____

223

AN-R 2.1

Die Funktion f ist gegeben durch $f(x) = x^3 + 3x^2 - 35x$. Die Tangente an die Funktion an der Stelle $x = 3$ hat die Steigung $k = f'(3) = 10$.

Ordne jeder Funktion die entsprechende Tangentensteigung k an der Stelle $x = 3$ (aus A bis F) zu!

$g_1(x) = 2 - f(x)$	
$g_2(x) = f(x) + 2$	
$g_3(x) = \frac{1}{2} \cdot f(x) + 2$	
$g_4(x) = 2 \cdot f(x) - \frac{1}{2}$	

A	5
B	20
C	−10
D	7
E	12
F	10

224

AN-R 2.1

Berechne die Steigung der Tangente an die Funktion f mit $f(x) = \dfrac{3x^2 + 4}{5} \cdot 2x^2$ an der Stelle -1.

225

AN-R 2.1

Die Tangente an eine Funktion f an der Stelle $x = 5$ hat die Steigung $k_f = -3$.

Eine Funktion g ist gegeben durch $g(x) = 2 \cdot f(x) + 5x - 1$.

Begründe rechnerisch, dass die Tangente an die Funktion g an der Stelle $x = 5$ die Steigung $k_g = -1$ hat.

226

AN-R 2.1

Berechne die 1. und 2. Ableitung der Funktion f mit $f(x) = 3 \cdot (5x)^3 + 9x^2 - 1$

$f'(x) =$ _____ $\qquad$ $f''(x) =$ _____

227

AN-R 2.1

Ordne jedem Funktionsterm den Term der entsprechenden 1. Ableitungsfunktion (aus A bis F) zu!

$4x + (2x)^5$	
$4 - (5x)^2$	
$4 \cdot (2x)^5$	
$4x - (5x)^2$	

A	$4 + 10 \cdot (2x)^4$
B	$-50x$
C	$80 \cdot x^4$
D	$4 + 5 \cdot (2x)^4$
E	$4 - 50x$
F	$40 \cdot (2x)^4$

228

AN-R 2.1

Gegeben sind eine reelle Zahl c sowie zwei differenzierbare Funktionen f und g.

Kreuze die zutreffende(n) Aussage(n) an!

$[f(x) - g(x)]' = f'(x) - g'(x)$	☐
$[f(x) + c \cdot g(x)]' = f'(x) + c \cdot g'(x)$	☐
$[c \cdot f(x)]' = 1 \cdot f(x) + c \cdot f'(x)$	☐
$[f(x) - c]' = f'(x)$	☐
$[g(c \cdot x)]' = c \cdot g'(x)$	☐

229

AN-R 2.1

Gegeben sind zwei differenzierbare Funktionen f und g und eine reelle Zahl c.

Welche der nachstehenden Ableitungsregeln sind korrekt?

Kreuze die beiden zutreffenden Aussagen an!

$[f(x) \cdot g(x)]' = f'(x) \cdot g'(x)$	☐
$\left[\frac{f(x)}{c}\right]' = \frac{1}{c} f'(x)$	☐
$[f(c \cdot x)]' = f'(c \cdot x)$	☐
$[c^2 \cdot f(x)]' = c^2 \cdot f(x)$	☐
$\left[\frac{f(x) - g(x)}{c^2}\right]' = \frac{f'(x)}{c^2} - \frac{g'(x)}{c^2}$	☐

230

AN-R 2.1

Die Umkehrfunktion f der Cosinusfunktion heißt Arcuscosinus und ist für $-1 \leq x \leq 1$ definiert:

$f: [-1; 1] \to \mathbb{R}, \ f(x) = acos(x)$

Die 1. Ableitung von f lautet: $f'(x) = -\frac{1}{\sqrt{1 - x^2}}$ für $x \in [-1; 1]$

Ordne jedem Funktionsterm den Term der entsprechenden 1. Ableitungsfunktion (aus A bis F) zu!

$5 \cdot f(3x)$	
$f(3x) + 5$	
$3 + \frac{1}{3} \cdot f(5x)$	
$\frac{f(3x)}{5}$	

A	$-\frac{3}{5\sqrt{1 - 9x^2}}$
B	$-\frac{3}{\sqrt{1 - 9x^2}}$
C	$3 - \frac{15}{\sqrt{1 - 9x^2}}$
D	$-\frac{15}{\sqrt{1 - 9x^2}}$
E	$-\frac{15}{\sqrt{1 - x^2}}$
F	$-\frac{5}{3\sqrt{1 - 25x^2}}$

231

AN-L 2.2

Eine Funktion f ist gegeben durch $f(x) = 4 \cdot (x^2 - 3)^2 - \dfrac{(4x + 3)^3}{3}$.

Kreuze die beiden zutreffenden Aussagen an!

$f'(x) = 8 \cdot (x^2 - 3) - (4x + 3)^2$	☐
$f'(x) = 16x \cdot (x^2 - 3) - 4 \cdot (4x + 3)^2$	☐
$f'(x) = 16x^3 - 64x^2 - 144x - 36$	☐
$f'(x) = -8x^2 - 24x - 33$	☐
$f'(x) = 16x \cdot (x^2 - 3) - \dfrac{3 \cdot (4x + 3)^2}{3}$	☐

232

AN-L 2.2

Die Ableitung der Funktion f mit $f(x) = (3x^2 + 4x)^3$ wurde folgendermaßen bestimmt: $f'(x) = 3 \cdot (6x + 4)^2$

Erkläre, welcher Fehler beim Ableiten gemacht wurde und berechne die Ableitung korrekt.

233

AN-L 2.2

Gib die 1. Ableitung der Funktion f mit $f(c) = \dfrac{(a^2 - c)^3}{2}$ mit $a \in \mathbb{R}$ an.

$f'(c) = \underline{\hspace{5cm}}$

234

AN-L 2.2

Gib die 1. Ableitung der Funktion f mit $f(b) = -\dfrac{4}{5} \cdot (3a - 5b^2)^3 + 3a$ mit $a \in \mathbb{R}$ an.

$f'(b) = \underline{\hspace{5cm}}$

235

AN-L 2.2

Für die Sinusfunktion und die natürliche Exponentialfunktion gelten folgende Ableitungsregeln:

$$[\sin(x)]' = \cos(x) \qquad [e^x]' = e^x$$

Ordne jedem Funktionsterm die entsprechende Ableitung (aus A bis F) zu!

$\sin(2\,e^x)$	
$\sin(e^{2x})$	
$e^{2\sin(x)}$	
$e^{\sin(2x)}$	

A	$2\,e^{2\sin(x)} \cdot \cos(x)$
B	$2\,e^x \cdot \cos(2\,e^x)$
C	$2\,e^{2x} \cdot \cos(e^{2x})$
D	$2\,e^{\sin(2x)} \cdot \cos(2x)$
E	$2\,e^x \cdot \sin(x)$
F	$2\,e^{2\sin(x)}$

236

AN-L 2.2

Für die allgemeine Exponentialfunktion f mit $f(x) = a^x$ mit $a \in \mathbb{R}^+$ gilt: $f'(x) = \ln(a) \cdot a^x$

Dabei bezeichnet ln den natürlichen Logarithmus.

Ordne jedem Funktionsterm die entsprechende Ableitung (aus A bis F) zu!

$1 + c \cdot a^x$	
$(c \cdot a)^{x+1}$	
$a^{c \cdot x + 1}$	
$1 + a^{c + x}$	

A	$c \cdot \ln(a) \cdot a^{c \cdot x + 1}$
B	$\ln(a \cdot c) \cdot (a \cdot c)^{x+1}$
C	$1 + c\ln(a) \cdot a^x$
D	$c \cdot \ln(a) \cdot a^{c \cdot x}$
E	$\ln(a) \cdot a^{c + x}$
F	$c \cdot \ln(a) \cdot a^x$

5.3 Weitere Ableitungsregeln

| Ziel | Potenzfunktionen mit rationalen Exponenten ableiten | AN-R 1.3, AN-R 2.1, AN-L 2.2 |

237

AN-R 2.1

Gegeben ist die Funktion f mit $f(x) = -\frac{1}{2x^2}$.

Kreuze die beiden Terme an, die die erste Ableitung f' der Funktion f beschreiben!

$\frac{1}{x}$	☐
$\frac{1}{x^3}$	☐
x^{-3}	☐

x^{-1}	☐
$\frac{1}{4x}$	☐

238

AN-R 2.1

Ordne jeder Funktion die passende Ableitungsfunktion (aus A bis F) zu!

$f(x) = -2x^2 + 2x - 2$	
$f(x) = \frac{1}{x^2}$	
$f(x) = \frac{2}{x}$	
$f(x) = -\frac{1}{2} \cdot (2x + 1)^2$	

A	$f'(x) = -4x$
B	$f'(x) = -4x + 2$
C	$f'(x) = -4x - 2$
D	$f'(x) = -\frac{2}{x^3}$
E	$f'(x) = -\frac{2}{x^2}$
F	$f'(x) = -\frac{2}{x}$

239

AN-L 2.2

Gegeben ist die Funktion f mit $f(x) = \frac{1}{2x + 1}$.

Kreuze die beiden Terme an, die die 1. Ableitung von f beschreiben.

$\frac{2}{(2x + 1)^2}$	☐
$2(2x + 1)^{-2}$	☐
$-\frac{1}{(2x + 1)^2}$	☐
$-2(2x + 1)^{-2}$	☐
$-\frac{2}{(2x + 1)^2}$	☐

240

AN-L 2.2

Berechne die Ableitung der Funktion f mit $f(x) = \frac{4}{2x^2 - 1}$.

$f'(x) = $ _____

241

AN-R 2.1

Gegeben ist die Funktion f mit $f(x) = \sqrt{8x}$.

Gib an, welche Terme die 1. Ableitung von f beschreiben.

Kreuze den/die zutreffende(n) Term(e) an!

$\frac{2}{\sqrt{2}\sqrt{x}}$	☐
$\sqrt{\frac{2}{x}}$	☐
$\frac{8}{2\sqrt{8x}}$	☐
$\frac{2}{\sqrt{2x}}$	☐
$\frac{4}{\sqrt{8x}}$	☐

242

AN-R 2.1

Ordne jeder Funktion die entsprechende Ableitungsfunktion (aus A bis F) zu.

$f(x) = \sqrt{x^3}$	
$f(x) = \sqrt[3]{x^2}$	
$f(x) = \sqrt{x}$	
$f(x) = \sqrt[3]{x}$	

A	$f'(x) = \frac{1}{2} \cdot \frac{1}{\sqrt{x}}$
B	$f'(x) = \frac{2}{3\sqrt[3]{x}}$
C	$f'(x) = \frac{3\sqrt{x}}{2}$
D	$f'(x) = \frac{1}{2} \cdot \sqrt{x}$
E	$f'(x) = \frac{2}{3}\sqrt[3]{x}$
F	$f'(x) = \frac{1}{3\sqrt[3]{x}}$

243

AN-R 2.1

Berechne die Steigung der Tangente an die Funktion f mit $f(x) = 1 + \sqrt{3x}$ an der Stelle 1.

Ziel Winkelfunktionen ableiten **AN-R 1.3, AN-R 2.1**

244
AN-R 2.1
Gegeben sind die Funktionen f und g mit $f(x) = \sin(x)$ und $g(x) = \cos(x)$.
Kreuze die zutreffende(n) Aussage(n) an!

$g'(x) = -f(x)$	☐
$f'(x) = g(x)$	☐
$f''(x) = g'(x)$	☐
$g''(x) = g(x)$	☐
$f''(x) = g''(x)$	☐

245
AN-R 2.1
Ordne jeder Funktion die entsprechende Ableitungsfunktion (aus A bis F) zu.

$f(x) = \sin(x) + 2\cos(x)$	
$f(x) = 2\sin(x) - \cos(2x)$	
$f(x) = \sin(2x) + \cos(x)$	
$f(x) = \sin(2x) + 2\cos(x)$	

A	$f'(x) = -\sin(x) + 2\cos(2x)$
B	$f'(x) = -2\sin(x) + \cos(x)$
C	$f'(x) = -2\sin(x) - \cos(x)$
D	$f'(x) = -2\sin(x) + 2\cos(2x)$
E	$f'(x) = 2\sin(x) - 2\cos(x)$
F	$f'(x) = 2\sin(2x) + 2\cos(x)$

246
AN-R 2.1
Gegeben ist die Funktion f mit $f(x) = \sin(x) - \cos(\pi x)$.
Ordne jeder Ableitungsfunktion den entsprechenen Funktionsterm (aus A bis F) zu!

f'	
f''	
f'''	
$f^{(4)}$	

A	$\sin(x) - \pi^4 \cdot \cos(\pi x)$
B	$\pi^2 \cdot \cos(x) - \sin(x)$
C	$\pi \cdot \sin(\pi x) + \cos(x)$
D	$\pi^2 \cdot \cos(\pi x) - \sin(x)$
E	$\cos(x) - \pi \cdot \sin(\pi x)$
F	$-\pi^3 \cdot \sin(\pi x) - \cos(x)$

247
AN-R 2.1
Die Funktion f ist gegeben durch $f(x) = 3\sin(x) + \cos\left(\frac{\pi}{2}x\right)$.
Gib die 1. und 2. Ableitung von f an!

$f'(x) = $ _____ $f''(x) = $ _____

248
AN-R 2.1
Gib den Funktionsterm für die 1. Ableitung von $s(t) = r \cdot \cos(\omega t)$ mit $r \in \mathbb{R}^+$ und $\omega \in \mathbb{R}^+$ an.

$s'(t) = $ _____

249
AN-R 2.1
Wird ein Körper mit einer Geschwindigkeit v_0 unter dem Winkel α schräg nach oben geworfen, so lässt sich seine Reichweite R mithilfe der folgenden Formel berechnen:

$R(\alpha) = \frac{v_0^2}{g} \cdot \sin(2\alpha)$ $g \approx 10\,\text{m/s}^2$ ... Erdbeschleunigung

Für die Berechnung jenes Winkels α, für den die Reichweite maximal ist, benötigt man die 1. Ableitung.

Gib den Funktionsterm für die erste Ableitung R' von R an!

$R'(\alpha) = $ _____

250
AN-R 2.1
Die Funktion L mit $L(t) = -\frac{1}{4}\cos\frac{2\pi t}{5} + \frac{1}{4}$ beschreibt näherungsweise, wie viel Luft (in l) bei der Atmung einer erwachsenen Person in Ruhe in Abhängigkeit von der Zeit t (in s) durch die Lunge strömt.
Berechne die momentane Änderungsrate $L'(1)$ des Luftvolumens zum Zeitpunkt $t = 1$.

$L'(1) \approx$ _____ l/s

Ziel	Exponential- und Logarithmusfunktionen ableiten	AN-R 2.1

251

AN-R 2.1

Gegeben ist die Funktion f mit $f(x) = a \cdot e^{-x}$ $(a \in \mathbb{R}^*)$.

Kreuze die beiden zutreffenden Aussagen an!

$f'(x) = -f(x)$	☐
$f''(x) = f(x)$	☐
$f'(x) = a$	☐
$f'(x) = a \cdot f(x)$	☐
$f(x) = f'(x) = f''(x)$	☐

252

AN-R 2.1

Gib den Funktionsterm einer Funktion f an, für die gilt: $f'(x) = f(x)$

$f(x) = $ _____

253

AN-R 2.1

Ordne jeder Funktion die entsprechende Ableitungsfunktion (aus A bis F) zu.

$f(x) = e^{2x}$	
$f(x) = 2\,e^{2x}$	
$f(x) = e^{2+x}$	
$f(x) = 2\,e^{x+2}$	

A	$f'(x) = e^{x+2}$	
B	$f'(x) = e^{2x}$	
C	$f'(x) = 2\,e^{x}$	
D	$f'(x) = 4\,e^{2x}$	
E	$f'(x) = 2\,e^{2x}$	
F	$f'(x) = 2\,e^{x+2}$	

254

AN-R 2.1

Eine Funktion f ist gegeben durch $f(x) = e^{\frac{x}{k}}$ mit $k \in \mathbb{R}^*$.

Gib den Funktionsterm für die 1. Ableitung f' an!

$f'(x) = $ _____

255

AN-R 2.1

Jede allgemeine Exponentialfunktion kann mithilfe der natürlichen Exponential- und Logarithmusfunktion angeschrieben werden. Allgemein gilt: $c^x = e^{x \cdot \ln(c)}$ mit $c \in \mathbb{R}^+$.

Berechne die 1. Ableitung der Funktion f mit $f(x) = -2 \cdot 3^x$. Forme den Funktionsterm dafür zuerst geeignet um!

256

AN-R 2.1

Eine bestimmte Anzahl N_0 radioaktiver Teilchen verringert sich mit der Zeit t (in Jahren) durch radioaktiven Zerfall. Nach t Jahren sind noch $N(t)$ Teilchen vorhanden. Es gilt folgendes Zerfallsgesetz: $N(t) = N_0 \cdot e^{-\lambda t}$ mit einer Zerfallskonstanten $\lambda \in \mathbb{R}^*$

Die momentane Zerfallsgeschwindigkeit ist dabei direkt proportional zur Anzahl der vorhandenen Teilchen, d. h. es gilt zu jedem Zeitpunkt: $N'(t) = k \cdot N(t)$ mit einer geeigneten Konstanten k.

Weise diese Eigenschaft rechnerisch nach.

257

AN-R 2.1

Nach der Einnahme eines Medikamentes gelangt dieses in den Blutkreislauf. Unmittelbar nach der Einnahme wird der Wirkstoff nach und nach abgebaut. Die Wirkstoffmenge $w(t)$, die $t \geq 0$ Minuten nach der Einnahme eines Arzneitmittels noch im Blut vorhanden ist, wird in mg gemessen.

Für ein bestimmtes Medikament wird der Abbau der Wirkstoffmenge durch die Funktion w mit $w(t) = 20 \cdot (1 - e^{-0,05 t}) - 0,125\,t$ beschrieben.

Berechne die momentane Änderungsrate der Wirkstoffmenge im Blut 60 min nach Einnahme des Medikamentes.

momentane Änderungsrate nach 60 min $\approx$ _____ mg/min

5.4 Untersuchen von allgemeinen Funktionen

Ziel | Eigenschaften von Funktionen beschreiben | **FA-R 1.5, AN-R 3.2, 3.3**

258

AN-R 3.2

Gegeben ist der Graph einer Funktion f.

Kreuze den Graphen der Ableitungsfunktion f' an!

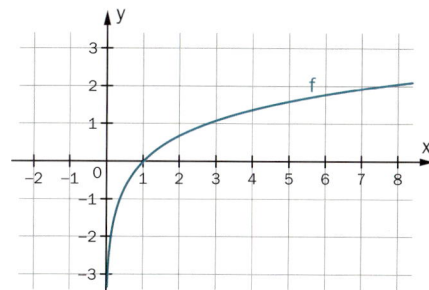

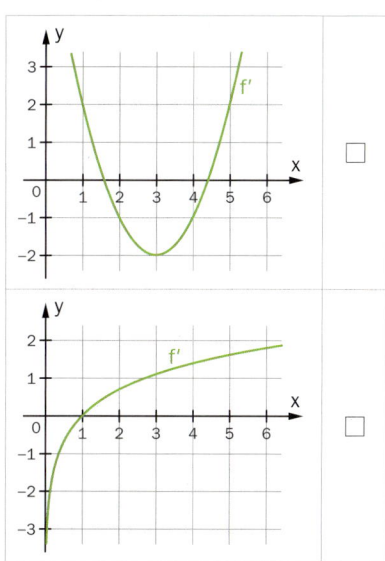 □

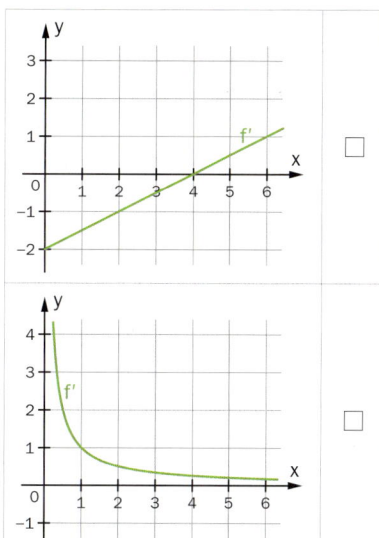 □

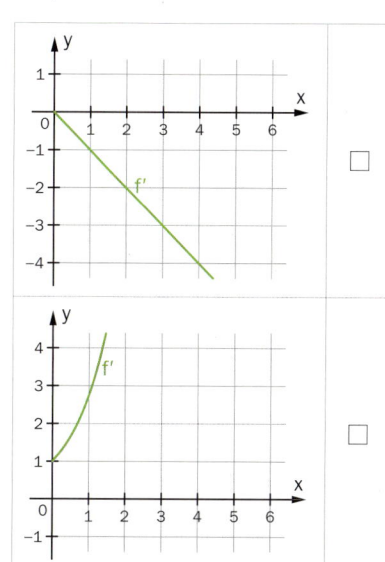 □

259

AN-R 3.2

Gegeben ist der Graph der Funktion f mit $f(x) = e^{0,5x}$, sowie zwei Tangenten t_1, t_2 an die Funktion f an den Stellen 0 und 3.

Kreuze die zu f gehörige Ableitungsfunktion f' an!

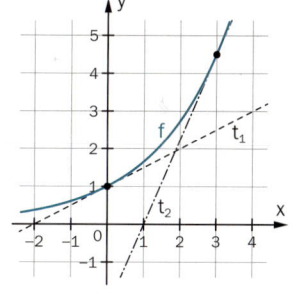

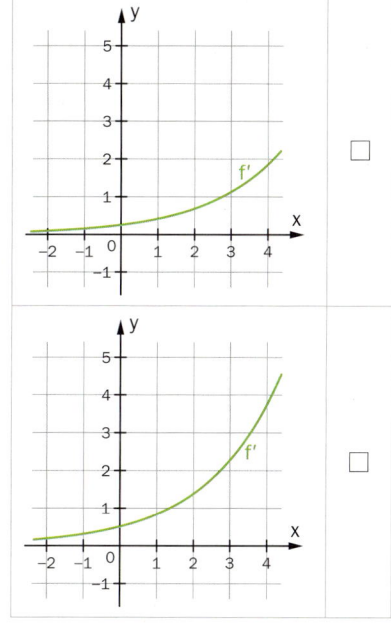 □

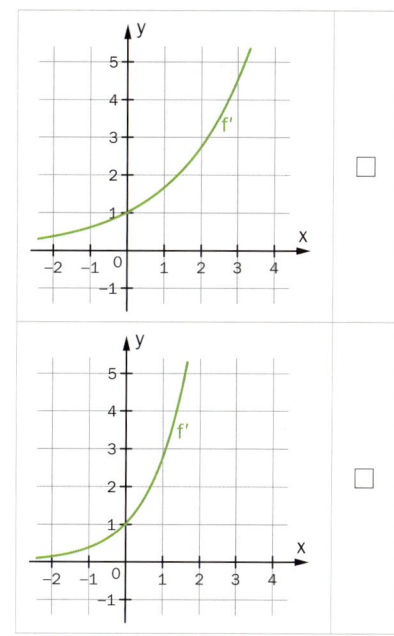 □

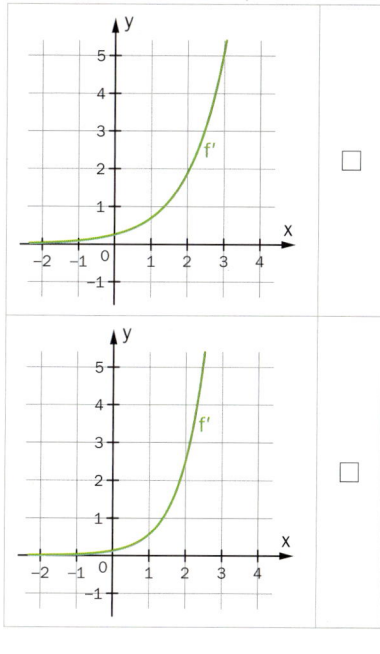 □

260

AN-R 3.2

Ordne jedem Graphen einer Funktion *f* den entsprechenden Graphen der 2. Ableitungsfunktion *f''* (aus A bis F) zu!

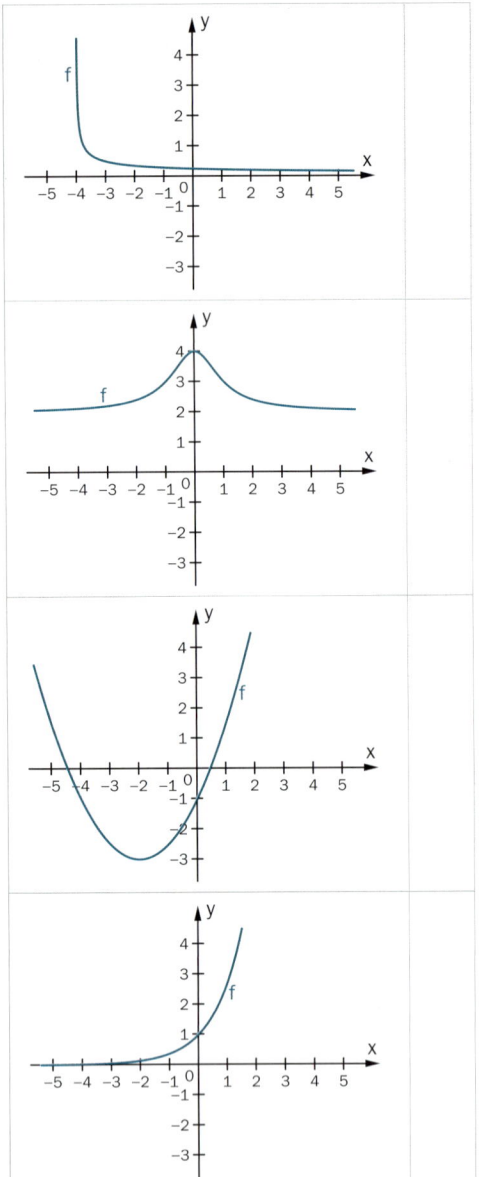

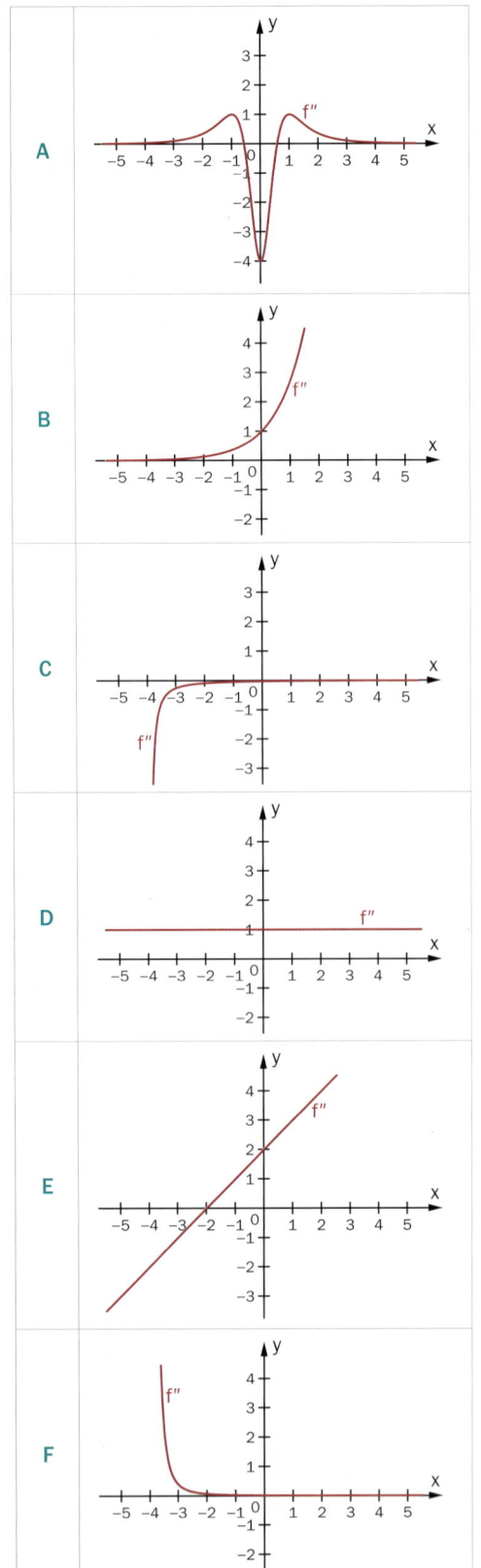

261

AN-R 3.3

Von einer Funktion *f* sind ihre Termdarstellung, sowie die Termdarstellungen der 1. und 2. Ableitungsfunktion gegeben.

Berechne die lokalen Extremstellen der Funktion *f*.

$f(x) = x^2 \cdot e^{-x}$

$f'(x) = x \cdot e^{-x} \cdot (2 - x)$

$f''(x) = e^{-x} \cdot (x^2 - 4x + 2)$

262

AN-R 3.3

Von der grafisch dargestellten Funktion f sind ihre Termdarstellungen sowie die Termdarstellungen der ersten drei Ableitungsfunktionen gegeben:

$$f(x) = -2\,e^{\frac{1}{2}x} \cdot (x^2 - 4x + 6) + 8$$

$$f'(x) = -e^{\frac{1}{2}x} \cdot (x^2 - 2)$$

$$f''(x) = -\frac{1}{2}e^{\frac{1}{2}x} \cdot (x^2 + 4x - 2)$$

$$f'''(x) = -\frac{1}{4}e^{\frac{1}{2}x} \cdot (x^2 + 8x + 6)$$

Die Funktion hat ein lokales Maximum im Intervall (1; 2). Der entsprechende Hochpunkt H ist im Graphen markiert.

Begründe rechnerisch durch Überprüfen der notwendigen und hinreichenden Bedingung, dass das lokale Maximum der Funktion f an der Stelle $\sqrt{2}$ liegt.

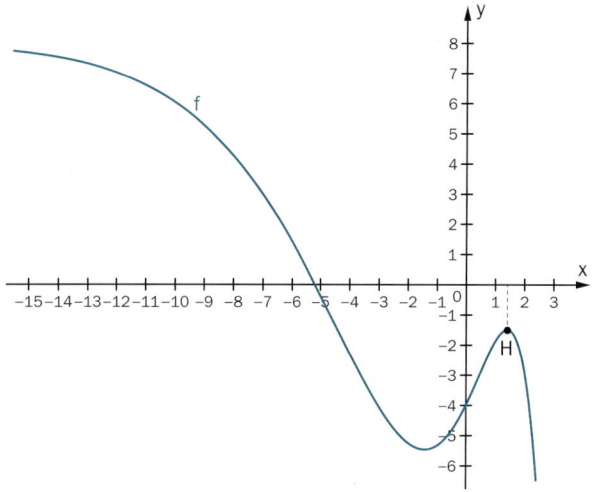

263

AN-R 3.3

Von einer Funktion f sind ihre Termdarstellung sowie die Termdarstellungen der 1. und 2. Ableitungsfunktion gegeben.

$$f(x) = \cos^2(x)$$

$$f'(x) = -2\sin(x) \cdot \cos(x)$$

$$f''(x) = 2 \cdot (\sin^2(x) - \cos^2(x))$$

Kreuze die beiden zutreffenden Aussagen an!

f ist streng monoton fallend.	☐
Die Krümmung von f hat nur dann den Wert 0, wenn $\sin(x) = \cos(x)$ gilt.	☐
f hat an der Stelle x eine waagrechte Tangente, wenn $\sin(x) = 0$ oder $\cos(x) = 0$ gilt.	☐
f hat an jeder Nullstelle eine waagrechte Tangente.	☐
f ist an jeder Stelle positiv gekrümmt.	☐

264

AN-R 3.3

Die 1. Ableitung einer mindestens dreimal differenzierbaren Funktion f hat an der Stelle a den Wert null: $f'(a) = 0$

Ergänze die Textlücken im folgenden Satz durch Ankreuzen der jeweils richtigen Satzteile so, dass eine mathematisch korrekte Aussage entsteht!

Die Funktion f hat an der Stelle a auf jeden Fall _____ ① _____ , wenn _____ ② _____ ist.

①		②	
einen Hochpunkt	☐	$f''(a) = 0$	☐
einen Wendepunkt	☐	$f''(a) < 0$	☐
einen Tiefpunkt	☐	$f''(a) \neq 0$	☐

265

AN-R 3.3

Bei einer Extremwertaufgabe ist das lokale Maximum einer Zielfunktion f gesucht.
In der Abbildung ist die 1. Ableitung f' der Zielfunktion grafisch dargestellt.

Begründe, dass das lokale Maximum der Zielfunktion f an der Stelle $x = 0{,}5$ liegt.

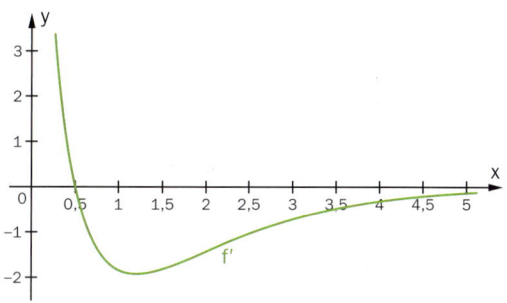

6. Diskrete Wahrscheinlichkeitsverteilungen

6.1 Grundlagen der Wahrscheinlichkeitsrechnung

Ziel	Einfache Wahrscheinlichkeiten von Ereignissen berechnen	WS-R 2.1, 2.2, 2.3

266
WS-R 2.1

Bei der mündlichen Matura werden aus 12 Themenbereichen nacheinander 2 Themenbereiche ausgewählt. Der Grundraum dieses Zufallsexperiments besteht aus Zahlenpaaren (a, b) mit $1 \leq a \leq 12$, $1 \leq b \leq 12$ und $a \neq b$. Für ein Ereignis E gilt: Beide gezogenen Themenbereiche haben eine Nummer kleiner als 5.

Gib alle Elemente des Ereignisses E an!

$E = \{$ _____ $\}$

267
WS-R 2.1

Es werden gleichzeitig eine 2-Euro-, eine 1-Euro und eine 50-Cent-Münze geworfen. Als Ergebnis eines Wurfes wird festgelegt, welche der beiden Seiten bei den einzelnen Münzen nach oben zeigt. Das Ergebnis KKZ zeigt etwa an, dass die 2-Euro- und die 1-Euro Münze so zum Liegen kommen, dass die Kopfseite nach oben zeigt, während die 50-Cent Münze so liegen bleibt, dass die Zahlseite nach oben zeigt. Die Ergebnismenge aller möglichen Ergebnisse dieses Zufallsversuchs wird mit Ω bezeichnet.

Kreuze die beiden zutreffenden Aussagen an!

Die Ergebnismenge Ω beinhaltet 6 Elemente.	☐
Die Menge $\{KZK, ZKK, KKZ\}$ beschreibt das Ereignis, dass „öfter Kopf als Zahl" auftritt.	☐
Die Menge $\{KKK, ZZZ\}$ beschreibt das Ereignis, dass bei allen Münzen die gleiche Seite nach oben zeigt.	☐
Die Menge $\{KZK\}$ beschreibt das Ereignis, dass genau bei einer Münze die Zahlseite nach oben zeigt.	☐
Das Ereignis, dass bei der 50-Cent-Münze die Kopfseite nach oben zeigt, entspricht der Menge $\{KKK, KZK, ZKK, ZZK\}$.	☐

268
WS-R 2.1

Ein gut ausgebildeter Drogenspürhund bellt nur selten fälschlicherweise dann, wenn eine Person kein Rauschgift mit sich führt. Ein Drogenspürhund kontrolliert 50 Personen, die kein Rauschgift mit sich führen.

Betrachte das Ereignis: *Der Hund bellt höchstens einmal.*

Formuliere das Gegenereignis in Worten.

269
WS-R 2.1

Für eine positive Beurteilung einer schriftlichen Mathematik-Matura muss ein hoher Prozentsatz der Aufgaben aus Teil 1 richtig beantwortet werden.

Betrachte folgendes Ereignis: *Mindestens 16 von 24 Teil-1-Aufgaben werden richtig gelöst.*

Formuliere das Gegenereignis zu diesem Ereignis in Worten.

270
WS-R 2.1

Kreuze die beiden zutreffenden Aussagen an!

Ist A ein sicheres Ereignis, so ist $P(A) = 1$.	☐
Ist beim Werfen einer Münze das Ereignis „Es kommt Zahl.", so ist das Gegenereignis „Es kommt Kopf.".	☐
$P(A) = P(A') - 1$	☐
Beim Werfen eines Würfels ist das Ereignis „Es kommt eine Primzahl." ein unmögliches Ereignis.	☐
Ist beim Werfen eines Würfels das Ereignis „Es kommt ein Sechser.", dann ist das Gegenereignis „Es kommt ein Einser.".	☐

271

WS-R 2.1

Kreuze die zutreffende(n) Aussage(n) an!

Ist A kein sicheres Ereignis, so ist $P(A) > 1$.	☐
Beim Werfen eines Würfels gibt es sechs Elementarereignisse, die alle gleich wahrscheinlich sind.	☐
Für ein Ereignis E und das Gegenereignis E' gilt: $P(E) + P(E') = 1$	☐
Beim Werfen eines Würfels ist das Ereignis „Es kommt ein Vielfaches von 10." ein unmögliches Ereignis.	☐
Ist beim Werfen eines Würfels das Ereignis „Es kommt eine gerade Zahl.", dann ist das Gegenereignis „Es kommt eine ungerade Zahl.".	☐

272

WS-R 2.2

Wir betrachten folgendes Zufallsexperiment: Zwei faire Wüfel werden hintereinander geworfen.
Gesucht ist die Wahrscheinlichkeit, dabei zwei verschiedene Zahlen zu würfeln.
Um die gesuchte Wahrscheinlichkeit empirisch zu ermitteln, wird der Zufallsversuch 500 Mal unter denselben Bedingungen ausgeführt. Die Abbildung zeigt, wie sich die Erfolgsquote mit steigender Anzahl von Versuchen verändert.

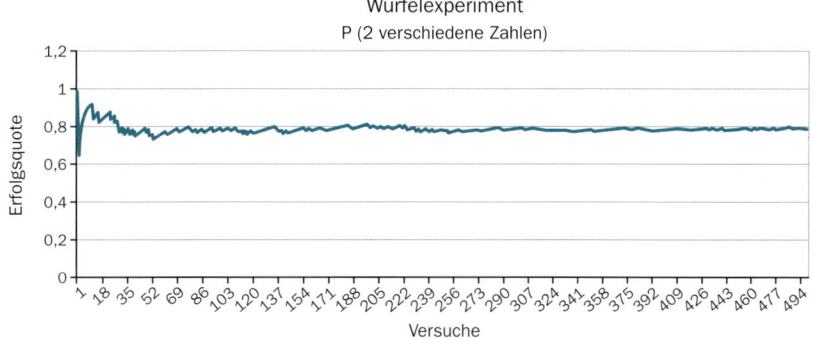

Das Diagramm lässt vermuten, dass die gesuchte Wahrscheinlichkeit P(„2 verschiedene Zahlen") ungefähr bei 80 % liegt. Tatsächlich liegt sie jedoch bei genau $\frac{5}{6} = 83,\overline{3}$ %.

Begründe, warum die im Diagramm dargestellte relative Häufigkeit der Erfolge nach 500 Versuchen nicht exakt der gesuchten Wahrscheinlichkeit entspricht.

273

WS-R 2.2

Jemand versucht zweimal einen Basketball in den dafür vorgesehenen Korb zu werfen. Er trifft einmal und folgert: „Meine Trefferwahrscheinlichkeit liegt bei 50 %."

Beurteile die Güte dieser Schätzung!

274

WS-R 2.1

Ordne jeder Form der Wahrscheinlichkeit die entsprechende Aufgabe (aus A bis F) zu!

Wahrscheinlichkeit als relative Häufigkeit in einer Versuchsserie		A	In einer Klasse mit 15 Schülerinnen und 10 Schülern kommt eine Person zur Stundenwiederholung dran. Wie groß ist die Wahrscheinlichkeit, dass es ein Mädchen ist?
Wahrscheinlichkeit = 0		B	Beim Fußballtraining wurden von 136 Elfmetern 84 verwertet. Mit welcher Wahrscheinlichkeit trifft ein Elfmeterschütze?
Wahrscheinlichkeit = 1		C	Ein rechtwinkliges Dreieck mit den Katheten a und b und der Hypotenuse c wird zufällig ausgewählt. Mit welcher Wahrscheinlichkeit gilt $a - b = c$?
Laplace-Wahrscheinlichkeit		D	Herr Huber nimmt einen Kredit auf. Mit welcher Wahrscheinlichkeit kann er ihn zurückzahlen?
		E	Zwei zufällig ausgewählte natürliche Zahlen werden addiert. Mit welcher Wahrscheinlichkeit ist das Ergebnis wieder eine natürliche Zahl?
		F	Ein Meteorit trifft auf die Erde. Mit welcher Wahrscheinlichkeit trifft er Europa?

6.2 Wahrscheinlichkeitsfunktion einer diskreten Zufallsvariablen

| Ziel | Wahrscheinlichkeitsfunktion einer diskreten Zufallsvariable beschreiben | WS-R 3.1 |

275

WS-R 3.1

Eine Fachhochschule (FH) erlaubt den Bewerberinnen und Bewerbern maximal drei Antritte bei der Aufnahmeprüfung. Alle durchgefallenen Personen nutzen diese Möglichkeit. Die Zufallsvariable X zählt die Anzahl der Fehlversuche. Die Wahrscheinlichkeitsverteilung ist empirisch durch folgende Werte der Wahrscheinlichkeitsfunktion gegeben:

x	0	1	2	3
$P(X = x)$	47,8%	38,8%	7,6%	5,8%

Kreuze die beiden zutreffenden Aussagen an!

Mit einer Wahrscheinlichkeit von 38,8% schafft man die Prüfung gleich beim ersten Antritt.	☐
Die Wahrscheinlichkeit, nach zwei Fehlversuchen an der FH aufgenommen zu werden, liegt bei 7,6%.	☐
Für die Aufnahme in die FH darf man bei maximal zwei Prüfungsantritten versagen. Die Wahrscheinlichkeit dafür ist 94,2%.	☐
Mit einer Wahrscheinlichkeit von 86,6% schafft man die Prüfung spätestens nach zwei Fehlversuchen.	☐
Die Wahrscheinlichkeit, nach drei Fehlversuchen an der FH aufgenommen zu werden, liegt bei 5,8%.	☐

276

WS-R 3.1

Bei einer Ausstellung wird den Besucherinnen und Besuchern nach Zufallsprinzip eine Farbe zugeordnet. Zur Auswahl stehen 'rot', 'blau', 'gelb', und 'grün'. Die Farbe 'rot' wird mit der größten Wahrscheinlichkeit von 44% vergeben. 'Blau' ist doppelt so wahrscheinlich wie 'gelb'. Die Farben 'gelb' und 'grün' kommen mit derselben Wahrscheinlichkeit.

Vervollständige die folgende Tabelle:

$P(X = \text{'rot'})$	$P(X = \text{'blau'})$	$P(X = \text{'gelb'})$	$P(X = \text{'grün'})$
0,44			

277

WS-R 3.1

Eine Warenlieferung mit 12 Geräten wird kontrolliert. Die Zufallsvariable X zählt die Anzahl der fehlerhaften Waren. Ordne jeder Wahrscheinlichkeit die passende Beschreibung (aus A bis F) zu!

$P(X < 3)$	
$P(X > 3)$	
$P(X \leq 3)$	
$P(X = 3)$	

A	Wahrscheinlichkeit, dass mindestens neun Geräte in Ordnung sind.
B	Wahrscheinlichkeit, dass höchstens neun Geräte fehlerhaft sind.
C	Wahrscheinlichkeit, dass ein Viertel der kontrollierten Waren fehlerhaft ist.
D	Wahrscheinlichkeit, dass maximal zwei Geräte fehlerhaft sind.
E	Wahrscheinlichkeit, dass mehr als drei Geräte in Ordnung sind.
F	Wahrscheinlichkeit, dass mindestens ein Drittel aller kontrollierten Geräte fehlerhaft ist.

278

WS-R 3.1

Bei einer Tombola gibt es einen Hauptpreis und Trostpreise zu gewinnen. Die Wahrscheinlichkeit für einen Trostpreis ist 10-mal so groß wie für den Hauptpreis. Die Zufallsvariable X gibt an, wie viel bei dieser Tombola gewonnen wurde.

Ereignis	Hauptpreis (500 Euro)	Trostpreis (5 Euro)	Niete (0 Euro)
Wahrscheinlichkeit	a	b	78%

Berechne die fehlenden Wahrscheinlichkeiten!

$a =$ _____ $b =$ _____

279

WS-R 3.1

Die Abbildung zeigt die Wahrscheinlichkeitsverteilung einer diskreten Zufallsvariablen X.

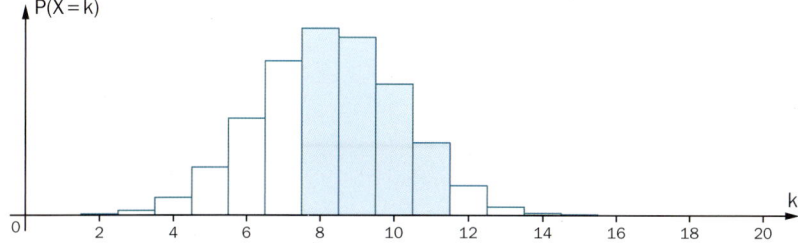

Welcher der folgenden Ausdrücke beschreibt die Wahrscheinlichkeit,
die dem Inhalt der hellblauen Fläche entspricht?

Kreuze den zutreffenden Ausdruck an!

$P(X \geq 8) + P(X \leq 11)$	☐
$P(8 < X < 11)$	☐
$P(X \leq 12) - P(X \leq 8)$	☐
$1 - P(X \leq 7)$	☐
$P(X < 12) - P(X < 8)$	☐
$P(X \leq 11) - P(X \leq 8)$	☐

280

WS-R 3.1

Bei einem Spiel gibt es fünf Karten, die alle gleich groß und von der gleichen Machart sind:

Die Karten werden verdeckt aufgelegt. Eine der Karten wird aufgedeckt.
Die Zufallsvariable X gibt die Anzahl der Smileys auf der aufgedeckten Karte an.

Gib die Wahrscheinlichkeitsverteilung dieser Zufallsvariablen an!

6.3 Erwartungswert und Standardabweichung einer diskreten Zufallsvariablen

Ziel | Erwartungswert und Standardabweichung ermitteln und verständig deuten | **WS-R 2.2, 3.1**

281

WS-R 3.1

Die Zufallsvariable X beschreibt die Anzahl der Patientinnen und Patienten, die bei der Einnahme eines bestimmten Medikamentes unerwünschte Nebenwirkungen verspüren. 1000 Personen werden nach Nebenwirkungen befragt.
Für den Erwartungswert und die Standardabweichung gelten:
$E(X) \approx 125$ und $\sigma \approx 25$

Kreuze die beiden richtigen Interpretationen an!

Es passiert praktisch nie, dass weniger als 25 Patientinnen und Patienten Nebenwirkungen haben.	☐
Mit einer Wahrscheinlichkeit von ca. 66 % liegt die Anzahl der Patientinnen und Patienten mit Nebenwirkungen zwischen 100 und 150.	☐
Bei genau 125 Patientinnen und Patienten werden Nebenwirkungen auftreten.	☐
Mindestens 100 Personen werden sicher Nebenwirkungen verspüren.	☐
Es kann sicher ausgeschlossen werden, dass keine Person Nebenwirkungen verspürt.	☐

282

WS-R 3.1

Katze Sunny erwartet Nachwuchs. Die Zufallsvariable X gibt an, wie viele Katzenbabys Sunny bekommen wird. Sunny ist eine siamesische Katze. Für diese Rasse kann die Wahrscheinlichkeitsverteilung der Zufallsvariablen X aus statistischen Erhebungen ermittelt werden:

n	1	2	3	4	5	6	7
$P(X = n)$	17,1%	17,2%	18,5%	19,1%	15,2%	9,9%	3,0%

Daten nach: https://www.loof.asso.fr (Stand: 5.6.2019)

Berechne den Erwartungswert von X und interpretiere das Ergebnis im Kontext!

283

WS-R 3.1

Bei einem Schießstand gibt jede Teilnehmerin und jeder Teilnehmer 10 Schüsse ab. Die Zufallsvariable X gibt die Anzahl der Treffer einer Teilnehmerin bzw. eines Teilnehmers an. Sehr viele Personen haben an diesem Schießstand ihre 10 Schüsse abgegeben, sodass man für den Erwartungswert und die Standardabweichung der Zufallvariablen X folgende Schätzwerte angeben kann: $E(X) \approx 3$ und $\sigma(X) \approx 1$.

Kreuze die beiden zutreffenden Aussagen an!

Jede Teilnehmerin und jeder Teilnehmer trifft dreimal.	☐
Niemand geht ohne Treffer nach Hause.	☐
Mit über 60%iger Wahrscheinlichkeit trifft man mindestens zweimal.	☐
Die Wahrscheinlichkeit, mehr als sechsmal zu treffen, beträgt weniger als 1%.	☐
Niemand schafft mehr als 6 Treffer.	☐

284

WS-R 3.1

Die Abbildung zeigt die Wahrscheinlichkeitsverteilung einer diskreten Zufallsvariablen X. Jedem Wert k mit $1 \leq k \leq 6$ wird die Wahrscheinlichkeit $P(X = k)$ zugeordnet.

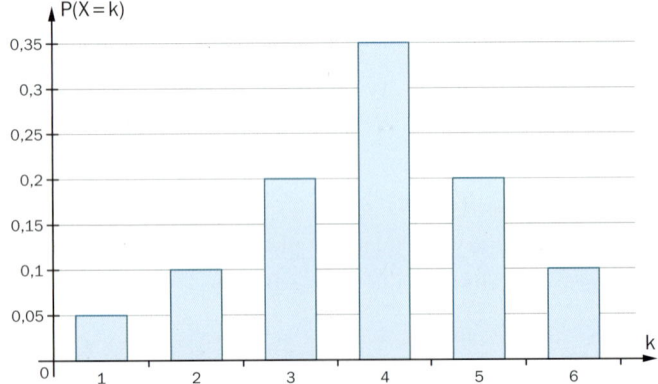

Berechne den Erwartungswert der Zufallsvariablen X!

285

WS-R 3.1

Bei einem Spiel gibt es fünf Karten, die alle gleich groß und von der gleichen Machart sind:

Die Karten werden verdeckt aufgelegt. Eine der Karten wird aufgedeckt.
Die Zufallsvariable X gibt die Anzahl der Smileys auf der aufgedeckten Karte an.

Gib den Erwartungswert dieser Zufallsvariablen an!

286

WS-R 3.1

In einer Urne liegen 10 gleichartige Kugeln, die mit den Zahlen 1, 2, ..., 10 nummeriert sind. Eine der Kugeln wird blind gezogen. Die Zufallsvariable X gibt die Nummer der gezogenen Kugel an.

Bestimme den Erwartungswert dieser Zufallsvariablen X!

6.4 Bewertungsfunktion und Gewinnerwartung

Ziel	Erwartungswert und Gewinnerwartung verständig einsetzen	WS-R 3.1

287

WS-R 3.1

Bei einer Lotterie gibt es 100 Lose. Ein Los kostet 4 €. Es gibt einen 1. Preis im Wert von 100 € und drei zweite Preise im Wert von jeweils 50 €.

Barbara kauft ein Los. Berechne den Erwartungswert des Gewinns aus Barbaras Sicht.

288

WS-R 3.1

Ein Glücksrad besteht aus acht gleich großen Sektoren. Die Abbildung zeigt, welche Gewinne ausbezahlt werden, wenn das Glücksrad im jeweiligen Sektor zum Stillstand kommt.
Für einmaliges Drehen des Glücksrades bezahlt man 2 €.

Berechne den entsprechenden Erwartungswert des Reingewinns G (in Euro) aus der Sicht des Betreibers des Glücksrades!

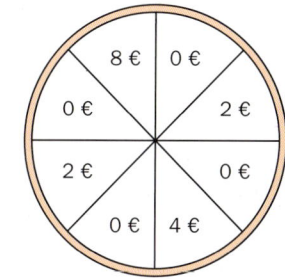

289

WS-R 3.1

Die Tabelle gibt einen Überblick über Höhe und Anzahl der Gewinne bei einem Los (Auflage: 500 000 Stück).

Gewinn in €	100 000	1 000	500	100	5	2
Anzahl der Lose	1	5	10	100	1 000	150 000

Berechne, wie hoch der Lospreis sein muss, damit der Vertreiber einen Gewinn erwarten kann!

290

WS-R 3.1

In einer Urne liegen 20 gleichartige Kugeln, die mit den Zahlen 1, 2, ..., 20 nummeriert sind. Eine der Kugeln wird blind gezogen. Die Zufallsvariable X gibt die Nummer der gezogenen Kugel an. Wenn die gezogene Nummer eine Primzahl ist, gewinnt man als Geldpreis den Wert der Primzahl in Euro.

Bestimme die Höhe des durchschnittlichen Gewinns, wenn man bei diesem Spiel sehr oft mitmacht!

291

WS-R 3.1

Vom Rubbellos mit dem Titel „Hennen Rennen" wird eine Auflage von 1 600 000 produziert. Der Preis pro Los beträgt 3 €.

Berechne, welchen Gewinn man beim Kauf eines dieser Rubbellose erwarten kann.

Gewinnpyramide	
Anzahl pro Serie	Gewinn in EUR
2 ×	50 000
10 ×	5 000
30 ×	500
2 400 ×	25
28 000 ×	15
40 000 ×	9
162 000 ×	6
301 000 ×	3

Daten nach: Hennen Rennen.
In: https://www.lotterien.at (Stand: 5.6.2019)

292

WS-R 3.1

Das Rubbellos „Adventkalender" wird jährlich neu aufgelegt. Betrug der Lospreis im Jahr 2017 noch 5 €, so wurde er im Jahr 2018 auf 7 € erhöht.
2017 wurden 1 200 000 Lose aufgelegt und verkauft. 2018 betrug diese Anzahl 1 100 000.

2017:

Gewinn in Euro	Anzahl Gewinne
75 000	3
5 000	10
1 000	50
500	150
50	1 500
10	15 000
5	135 000
3	383 426
2	664 861

2018:

Gewinn in Euro	Anzahl Gewinne
100 000	3
5 000	10
1 010	2
1 007	2
1 004	3
1 003	3
1 000	50
100	150
50	2 000
10	29 000
7	141 000
4	342 614
3	585 163

Daten nach: Rubbel-Adventskalender. In: https://www.losrubbeln.com (Stand: 5.6.2019)

Ist die Erhöhung des Lospreises um 2 € durch eine entsprechende gesteigerte Gewinnchance gerechtfertigt?

Begründe deine Entscheidung durch die Berechnung des durchschnittlichen Auszahlungsbetrages im Jahr 2017 bzw. im Jahr 2018!
Verwende dazu die beiden Tabellen!

2017			
Ereignis	Wahrsch. P	Gewinn g	$g \cdot P$
Preis (75 000 €)			
Preis (5 000 €)			
Preis (1 000 €)			
Preis (500 €)			
Preis (50 €)			
Preis (10 €)			
Preis (5 €)			
Preis (3 €)			
Preis (2 €)			

2018			
Ereignis	Wahrsch. P	Gewinn g	$g \cdot P$
Preis (100 000 €)			
Preis (5 000 €)			
Preis (1 010 €)			
Preis (1 007 €)			
Preis (1 004 €)			
Preis (1 003 €)			
Preis (1 000 €)			
Preis (100 €)			
Preis (50 €)			
Preis (10 €)			
Preis (7 €)			
Preis (4 €)			
Preis (3 €)			

Baumdiagramme und Pfadregeln

Ziel Vorwissen über Baumdiagramme und Pfadregeln aktivieren **WS-R 2.3**

293
WS-R 2.3

Ein Zollhund, der auf Rauschgift abgerichtet ist, soll jedes Mal bellen, wenn er Rauschgift riecht. Wird er bei der Zollkontrolle eines Reisenden eingesetzt, so weiß man, dass er mit einer Wahrscheinlichkeit von 95% bellt, falls die bzw. der Reisende Rauschgift besitzt. Allerdings bellt er erfahrungsgemäß auch in 0,5% der Fälle, in denen kein Rauschgift geschmuggelt wird. Es ist bekannt, dass etwa eine bzw. einer von 1000 Reisenden Rauschgift mit sich führt.

Ergänze im folgenden Baumdiagramm die entsprechenden Wahrscheinlichkeiten und berechne damit die Wahrscheinlichkeit, dass der Zollhund bei einer Kontrolle bellt.

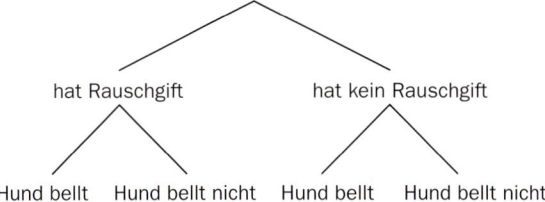

294
WS-R 2.3

Erfahrungsgemäß haben 20% aller Motorradfahrerinnen und Motorradfahrer eine zu grosse Lärmentwicklung. Bei einer Verkehrskontrolle wird die Lautstärke von drei Motorrädern gemessen.

Ergänze im folgenden Baumdiagramm die entsprechenden Wahrscheinlichkeiten und berechne damit die Wahrscheinlichkeit, dass mindestens zwei der kontrollierten Motorräder in Ordnung sind.

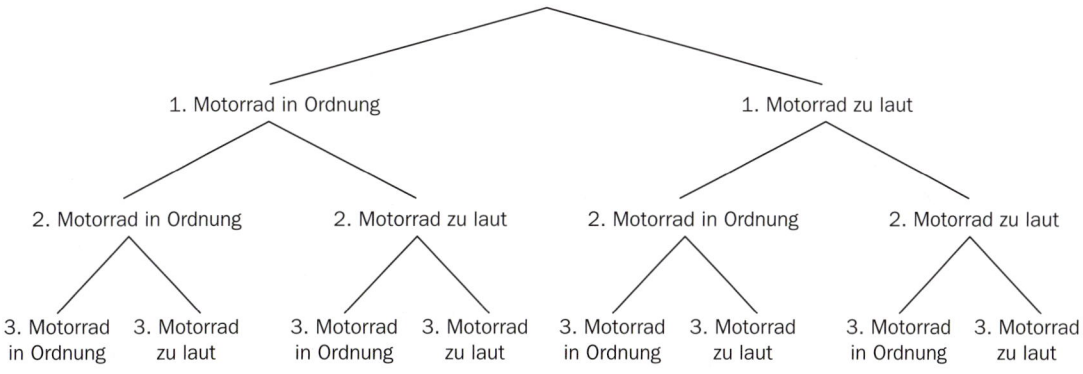

295
WS-R 2.3

Zu einer Stundenwiederholung werden stets zwei der 25 Schülerinnen und Schüler einer Klasse aufgerufen. Die Auswahl erfolgt rein zufällig.

Berechne die Wahrscheinlichkeit, dass Peter, ein Schüler der Klasse, nicht zur Stundenwiederholung aufgerufen wird.

296
WS-R 2.3

Eine Münze wird zweimal geworfen. Berechne die Wahrscheinlichkeit, dass mindestens einmal Kopf kommt.

297
WS-R 2.3

Aus den 26 Kleinbuchstaben des Alphabets und den Ziffern 1, 2, 3, 4, 5, 6, 7, 8, 9 wird ein achtstelliges Passwort gebildet. Jeder Buchstabe und jede Ziffer darf in diesem Passwort auch mehr als einmal vorkommen.

Gesucht ist die Wahrscheinlichkeit, dieses Passwort zufällig zu erraten.

Kreuze die beiden richtigen Berechnungen der gesuchten Wahrscheinlichkeit an!

$\left(\frac{1}{35}\right)^8$	☐
$\left(\frac{1}{26}+\frac{1}{9}\right)^8$	☐
$\left(\frac{1}{26}\right)^8 \cdot \left(\frac{1}{9}\right)^8$	☐
$\left(\frac{1}{26+9}\right)^8$	☐
$\frac{1}{35} \cdot \frac{1}{34} \cdot \frac{1}{33} \cdot \frac{1}{32} \cdot \frac{1}{31} \cdot \frac{1}{30} \cdot \frac{1}{29} \cdot \frac{1}{28}$	☐

298
WS-R 2.3

Die Persönliche Identifikationsnummer (PIN) einer Bankomatkarte besteht aus 4 Ziffern, wobei jede Ziffer auch mehrmals vorkommen darf. Jemand versucht, die PIN zu erraten.

Berechne die Wahrscheinlichkeit, dass eine Person den PIN zufällig erraten kann.

299

WS-R 3.1

In einer U-Bahn-Garnitur befinden sich 20 Fahrgäste, davon sind 3 Schwarzfahrer. Es werden 2 Personen kontrolliert. Die Zufallsvariable X gibt an, wie viele der kontrollierten Personen Schwarzfahrer sind.

Ergänze im folgenden Baumdiagramm die entsprechenden Wahrscheinlichkeiten und berechne damit die fehlenden Werte in der Wahrscheinlichkeitsverteilung der Zufallsvariablen X.

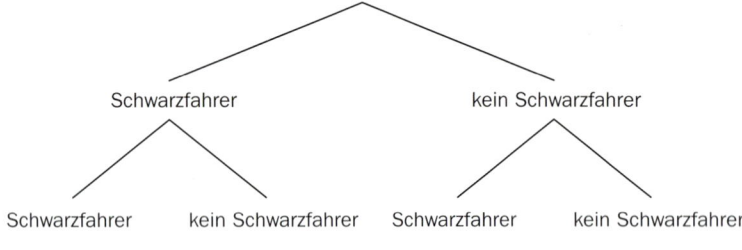

x	0	1	2
$P(X = x)$	71,6 %		

300

WS-R 3.1

Bei einer Stundenwiederholung werden nach dem Zufallsprinzip zwei Personen ausgewählt. Es sind 16 Mädchen und 6 Burschen anwesend. Die Zufallsvariable X gibt an, wie viele Burschen ausgewählt werden.

Vervollständige die folgende Tabelle:

$P(X = 0)$	$P(X = 1)$	$P(X = 2)$
0,5195		

6.5 Binomialkoeffizient

Ziel Binomialkoeffizient herleiten, berechnen und interpretieren **WS-R 2.4**

301

WS-R 2.4

Bei einer Geburtstagsfeier sind 25 Personen eingeladen, sechs von ihnen werden per Los ausgewählt, um an einem Spiel teilzunehmen.

Interpretiere den Ausdruck $\binom{25}{6}$ im Kontext!

302

WS-R 2.4

Beim deutschen Lotto 6 aus 49 werden aus den Zahlen 1, 2, …, 49 hintereinander zufällig 6 Gewinnzahlen (ohne Zurücklegen) gezogen.

Berechne den Binomialkoeffizienten $\binom{49}{6}$ und interpretiere den Wert im gegebenen Kontext.

$$\binom{49}{6} = \underline{\hspace{4cm}}$$

303

WS-R 2.4

In einem Eisgeschäft gibt es 12 unterschiedliche Sorten zur Auswahl.

Interpretiere den Binomialkoeffizienten $\binom{12}{3}$ im gegebenen Kontext!

304

WS-R 2.4

Bei den folgenden Aufgaben ist eine Anzahl gefragt.

Kreuze die beiden Aufgaben an, bei denen die gesuchte Anzahl dem Binomalkoeffizienten $\binom{26}{2}$ entspricht.

Aus einer Gruppe von 26 Leuten wird ein Vorstand und sein Stellvertreter gewählt. Wie viele Möglichkeiten gibt es?	☐
Ein digitaler Code besteht aus 26 Zeichen mit jeweils 0 oder 1. Wie viele solche Codes gibt es?	☐
Herr Maier hat 26 Hemden in seinem Kleiderkasten. Wie viele Möglichkeiten hat er, für den nächsten Tag zwei Hemden auszuwählen?	☐
Bei einem Slalom qualifizieren sich 26 Läufer für den 2. Durchgang. Wie viele Möglichkeiten gibt es für das Endergebnis, wenn man nur die zwei Bestplatzierten beachtet?	☐
Für einen Geheimcode muss man zwei beliebige unterschiedliche Buchstaben auswählen. Wie viele Möglichkeiten gibt es, wenn die Reihenfolge der Buchstaben irrelevant ist?	☐

305

WS-R 2.4

Betrachtet wird der Binomialkoeffizient $\binom{5}{2}$.

Kreuze die beiden Aufgabenstellungen an, die mit der Rechnung $\binom{5}{2} = 10$ gelöst werden können!

Fünf Freunde entschließen sich dazu, ein Wettrennen zu machen. Wie viele Möglichkeiten für den Zieleinlauf gibt es, wenn nur die ersten beiden Plätze relevant sind?	☐
Wie viele Möglichkeiten gibt es, dass die Augenzahl 2 bei fünfmaligem Würfeln genau einmal kommt?	☐
Beim Elfmeterschießen führen fünf Spielerinnen einer Fußballmannschaft einen Torschuss von der Strafstoßmarke aus. Wie viele Möglichkeiten gibt es, dass genau zwei Elfmeter verwandelt werden?	☐
Wie groß ist die Wahrscheinlichkeit, zwei von fünf Schwarzfahrern zu erwischen?	☐
Bei einem Filmabend stehen fünf Blockbuster zur Auswahl, von denen zwei gezeigt werden sollen. Wie viele mögliche Kombinationen gibt es?	☐

6.6 Binomialverteilung

Ziel	Wahrscheinlichkeiten mehrstufiger Bernoulli-Experimente berechnen	**WS-R 3.2, 3.3**

306

WS-R 3.3

Wahrscheinlichkeiten für Bernoulli-Experimente können mit der Binomialverteilung berechnet werden. Für fünf verschiedene Kontexte wird jeweils eine passende Zufallsvariable X definiert.

Kreuze die beiden Situationen an, in denen sicher mit der Binomialverteilung modelliert werden kann.

Im Durchschnitt sind von 1 000 hergestellten Geräten 3 defekt. X ist die Anzahl der defekten Geräte in einer Stichprobe	☐
In einem Autobus haben 2 von 25 Personen keinen gültigen Reisepass. X ist die Anzahl der bei einer Grenzkontrolle erwischten Personen ohne gültigen Reisepass.	☐
In einer Klasse von 25 Schülerinnen und Schülern rauchen 4 Jugendliche. Es werden 5 Teenager nach ihren Rauchgewohnheiten befragt. X ist die Anzahl der Raucherinnen und Raucher in der Stichprobe.	☐
Von 150 Schülerinnen und Schülern der 1. Klassen eines Gymnasiums reagieren 4 % allergisch auf Insektengift. X ist die Anzahl der allergischen Erstklässlerinnen und Erstklässler unter allen Klassensprecherinnen und Klassensprechern.	☐
Erfahrungsgemäß geschehen 17 % aller Autounfälle nach Fehlern beim Abbiegen oder Wenden. X ist die Anzahl der Unfälle in einem Jahr mit dieser Ursache.	☐

307

WS-R 3.3

Zwei der unten angeführten Situationen können mithilfe der Binomialverteilung modelliert werden.

Kreuze sie an!

Im Durchschnitt erscheinen 4% der Passagiere einer Fluglinie nicht zum Flug. Für einen Kurzstreckenflug mit 90 Sitzplätzen verkauft die Fluglinie 92 Tickets. Wie groß ist die Wahrscheinlichkeit, dass die Überbuchung gut geht?	☐
12 Frauen und 4 Männer mit gleichen Qualifikationen bewerben sich auf zwei offenen Stellen eines Unternehmens. Wie groß ist die Wahrscheinlichkeit, dass beide Positionen mit Männern nachbesetzt werden?	☐
Von den 24 ehrenamtlichen Mitarbeiterinnen und Mitarbeitern einer Dienststelle des Roten Kreuzes haben drei Personen eine Zusatzausbildung im Bereich Geburtenhilfe. Zwei Sanitäterinnen bzw. Sanitäter werden zu einem Notfall gerufen. Wie groß ist die Wahrscheinlichkeit, dass mindestens eine bzw. einer die Zusatzqualifikation hat?	☐
Ein Zwischenhändler erhält eine Lieferung von 500 Laptops, von denen erfahrungsgemäß 2% einen Defekt aufweisen. Wie groß ist die Wahrscheinlichkeit, dass maximal 10 Geräte beschädigt sind?	☐
Im Rahmen einer medizinischen Studie mit 40 Teilnehmerinnen und Teilnehmern bekommen acht Personen ein Antibiotikum verabreicht. Alle anderen erhalten ein Medikament ohne pharmakologische Wirkung (Placebo). Zwei Freundinnen nehmen an der Studie teil. Wie groß ist die Wahrscheinlichkeit, dass beide ein Placebo erhalten?	☐

308

WS-R 3.3

Zu einer Stundenwiederholung werden stets zwei der 25 Schülerinnen und Schüler einer Klasse gerufen. Die Auswahl der Kandidaten erfolgt rein zufällig.

Begründe, warum die Wahrscheinlichkeit mit der eine Schülerin bzw. ein Schüler zur Stundenwiederholung gerufen wird, nicht mithilfe der Binomialverteilung berechnet werden kann.

309

WS-R 3.2

Bei der Produktion eines elektronischen Bauteils werden standardmäßig Kontrollen durchgeführt. Erfahrungsgemäß weist ein Bauteil einen Defekt mit einer Wahrscheinlichkeit von 0,01% auf. Bei einer Stichprobe werden 50 Bauteile auf ihre Funktionstüchtigkeit geprüft.

Interpretiere $\binom{50}{2} \cdot \left(\frac{1}{10\,000}\right)^2 \cdot 0{,}9999^{48}$ im Kontext.

310

WS-R 3.2

Zwei Tennisspieler A und B treffen im Finale eines Turniers aufeinander. Erfahrungsgemäß hat Spieler A eine Chance von 55% gegen Spieler B einen Satz zu gewinnen.

Berechne die Wahrscheinlichkeit, dass Spieler A von den ersten drei Sätzen zwei gewinnt.

311

WS-R 3.2

Der Hersteller eines Medikaments zur Malariaprophylaxe gibt an, dass die Einnahme erfahrungsgemäß bei 7 von 100 Personen zu Kopfschmerzen oder Benommenheit führt.
Als Vorbereitung auf ihre gemeinsame Reise in ein Malariagebiet nehmen acht Personen das Medikament ein. Die Zufallsvariable X zählt die Anzahl jener, die keine Nebenwirkungen bemerken.

Berechne $P(X = 5)$ und interpretiere das Ergebnis!

312

WS-R 3.2

Eine schriftliche Prüfung besteht aus zehn Fragen mit je vier Antwortmöglichkeiten. Genau eine der Antworten ist jeweils richtig.

Berechne die Wahrscheinlichkeit, dass eine Person, die bei jeder Frage zufällig eine Antwort wählt, bei mindestens der Hälfte der Fragen die richtige Antwort ankreuzt!

313

WS-R 3.2

Ein Online-Versandhändler gibt an, dass etwa 65 % aller Bestellungen wieder zurückgesendet werden. An einem bestimmten Tag gehen 12 Bestellungen ein.

Ordne jedem Term die passende Wahrscheinlichkeit (aus A bis F) zu!

$\binom{12}{6} \cdot 0{,}65^6 \cdot 0{,}35^6$	
$1 - 0{,}35^{12}$	
$\binom{12}{11} \cdot 0{,}65^{11} \cdot 0{,}35 + 0{,}65^{12}$	
$1 - \left(0{,}35^{12} + \binom{12}{1} \cdot 0{,}65 \cdot 0{,}35^{11}\right)$	

A	Wahrscheinlichkeit, dass höchstens eine Kundin bzw. ein Kunde die Bestellung behält
B	Wahrscheinlichkeit, dass die Hälfte der Bestellungen zurückgesandt werden
C	Wahrscheinlichkeit, dass höchstens eine Bestellung retourniert wird
D	Wahrscheinlichkeit, dass mehr als eine Bestellung wieder zurückgesendet wird
E	Wahrscheinlichkeit, dass alle Bestellungen zurückgeschickt werden
F	Wahrscheinlichkeit, dass mindestens eine Bestellung retourniert wird

314

WS-R 3.2

Diabetes ist eine chronische Stoffwechselerkrankung, die durch einen erhöhten Blutzuckerspiegel gekennzeichnet ist. Von den 8,8 Mio. Österreicherinnen und Österreichern leiden derzeit etwa 600 000 Personen an dieser Krankheit (*Daten nach*: BM für Bildung, Wissenschaft und Forschung 2016).

Berechne die Wahrscheinlichkeit, dass in einer zufällig ausgewählten Stichprobe von 25 Personen zumindest eine Person an Diabetes leidet!

315

WS-R 3.2

Die Wahrscheinlichkeitsverteilung einer binomialverteilten Zufallsvariablen X ist in der Abbildung dargestellt.

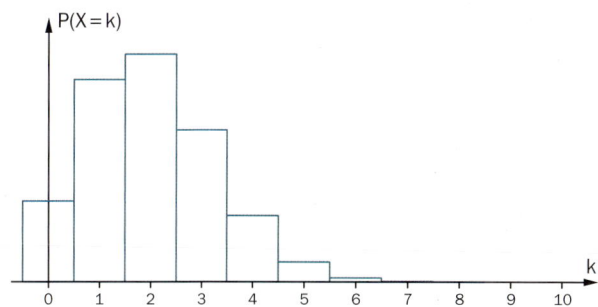

k	$P(X = k)$
0	0,1074
1	0,2684
2	0,302
3	0,2013
4	0,0881
5	0,0264
6	0,0055
7	0,0008
8	0,0001
9	0
10	0

Berechne $P(X \leq 2)$ und markiere die berechnete Wahrscheinlichkeit im Diagramm!

$P(X \leq 2) = $ _____

316

WS-R 3.2

Bei einer routinemäßigen Überprüfung werden 20 Lkw kontrolliert. Im langjährigen Mittel zeigt sich, dass bei ca. 28 % aller Lkw derart schwere Mängel vorliegen, sodass die Weiterfahrt gestoppt werden muss.

Wie groß ist die Wahrscheinlichkeit, dass bei mindestens drei Lkw im Rahmen dieser Kontrolle schwere Mängel festgestellt werden?

Kreuze den zutreffenden Term an!

$1 - \left[0{,}72^{20} + \binom{20}{1} \cdot 0{,}28^1 \cdot 0{,}72^{19}\right]$	☐
$\binom{20}{3} \cdot 0{,}28^3 \cdot 0{,}72^{17}$	☐
$\binom{20}{0} \cdot 0{,}28^0 \cdot 0{,}72^{20} + \binom{20}{1} \cdot 0{,}28^1 \cdot 0{,}72^{19} + \binom{20}{2} \cdot 0{,}28^2 \cdot 0{,}72^{18}$	☐
$0{,}72^{20} + \binom{20}{1} \cdot 0{,}28^1 \cdot 0{,}72^{19} + \binom{20}{2} \cdot 0{,}28^2 \cdot 0{,}72^{18} + \binom{20}{3} \cdot 0{,}28^3 \cdot 0{,}72^{17}$	☐
$1 - \left[\binom{20}{1} \cdot 0{,}28^1 \cdot 0{,}72^{19} + \binom{20}{2} \cdot 0{,}28^2 \cdot 0{,}72^{18} + \binom{20}{3} \cdot 0{,}28^3 \cdot 0{,}72^{17}\right]$	☐
$1 - \left[0{,}72^{20} + \binom{20}{1} \cdot 0{,}28^1 \cdot 0{,}72^{19} + \binom{20}{2} \cdot 0{,}28^2 \cdot 0{,}72^{18}\right]$	☐

317

WS-R 3.2

Die Donaubühne Tulln bietet für verschiedene Veranstaltungen nur Sitzplätze. Für eine solche Veranstaltung können 2 466 Tickets verkauft werden.
Bei einer bestimmten Veranstaltung, bei der nur Sitzplätze angeboten werden, wird davon ausgegangen, dass jeder Platz mit einer Wahrscheinlichkeit von 90 % besetzt ist.
Die Zufallsvariable X zählt die Anzahl der besetzten Plätze bei der Veranstaltung.

Kreuze die richtige Aussage an!

$P(X = 1) = 90\%$	☐
$P(X = 2\,466) = 100\%$	☐
$P(X = 2\,200) = \binom{2\,466}{2\,200} \cdot 0{,}9^{2\,200} \cdot 0{,}1^{266}$	☐
$P(X = 2\,000) = \binom{2\,466}{2\,000} \cdot 2\,000^{0{,}9} \cdot 466^{0{,}1}$	☐
$P(X \leq 2\,000) = 1 - P(X \geq 2\,000)$	☐
$P(X > 2\,000) = 1 - \binom{2\,466}{2\,000} \cdot 2\,000^{0{,}9} \cdot 466^{0{,}1}$	☐

6.7 Erwartungswert und Standardabweichung einer binomialverteilten Zufallsvariablen

Ziel	Erwartungswert und Standardabweichung einer binomialverteilten Zufallsvariablen ermitteln und interpretieren **WS-R 3.2**

318

WS-R 3.2

Ein Würfel wird 20-mal geworfen. Die Zufallsvariable X zählt die Anzahl der Würfe mit Augenzahl 3, 4, 5 oder 6.
Berechne $E(X)$ sowie $\sigma(X)$!

$E(X) =$ _____ $\sigma(X) =$ _____

319

WS-R 3.2

Eine binomialverteilte Zufallsvariable X hat die Erfolgswahrscheinlichkeit $p = 0{,}7$ und die Standardabweichung $\sigma = 10{,}247$.
Berechne den Parameter n der Zufallsvariablen X, der angibt, wie oft das Bernoulli-Experiment durchgeführt wurde.

$n =$ _____

320

WS-R 3.2

In der Abbildung ist die Wahrscheinlichkeitsverteilung einer binomialverteilten Zufallsvariablen X mit den Parametern $n = 10$ und $p = 0{,}7$ dargestellt.

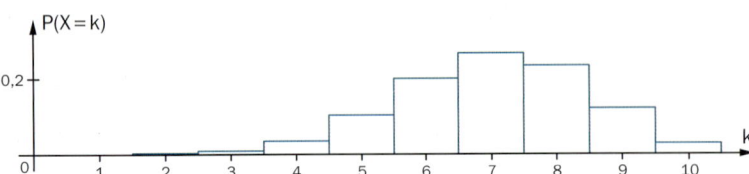

Schraffiere jene Rechtecksflächen, die die Wahrscheinlichkeit $P(X \geq \mu)$ veranschaulichen.

321

WS-R 3.2

Die nachgestellte Abbildung zeigt die Wahrscheinlichkeitsverteilung einer binomialverteilten Zufallsvariablen mit $n = 20$ und $p = 0,8$.

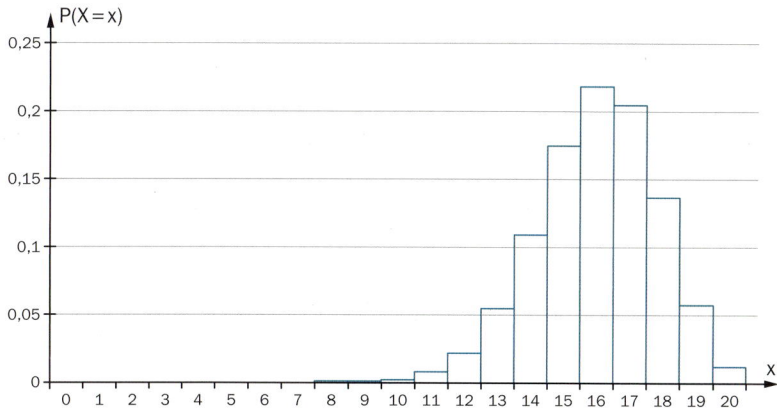

Kennzeichne diejenigen Rechtecksflächen, die $P(X > \mu)$ veranschaulichen!

322

WS-R 3.2

Die Abbildung zeigt die Wahrscheinlichkeitsverteilung einer binomialverteilten Zufallsvariablen X mit $n = 25$.

Schätze den Erwartungswert μ, den Wert von p und die Standardabweichung σ.

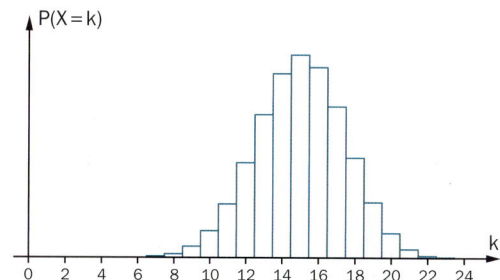

$p =$ _____

$\sigma(X) =$ _____

323

WS-R 3.2

Die Abbildungen zeigen die Wahrscheinlichkeitsverteilungen einer binomialverteilten Zufallsvariablen X mit $n = 60$. Ordne jeder Abbildung den entsprechenden Wert von p (aus A bis F) zu.

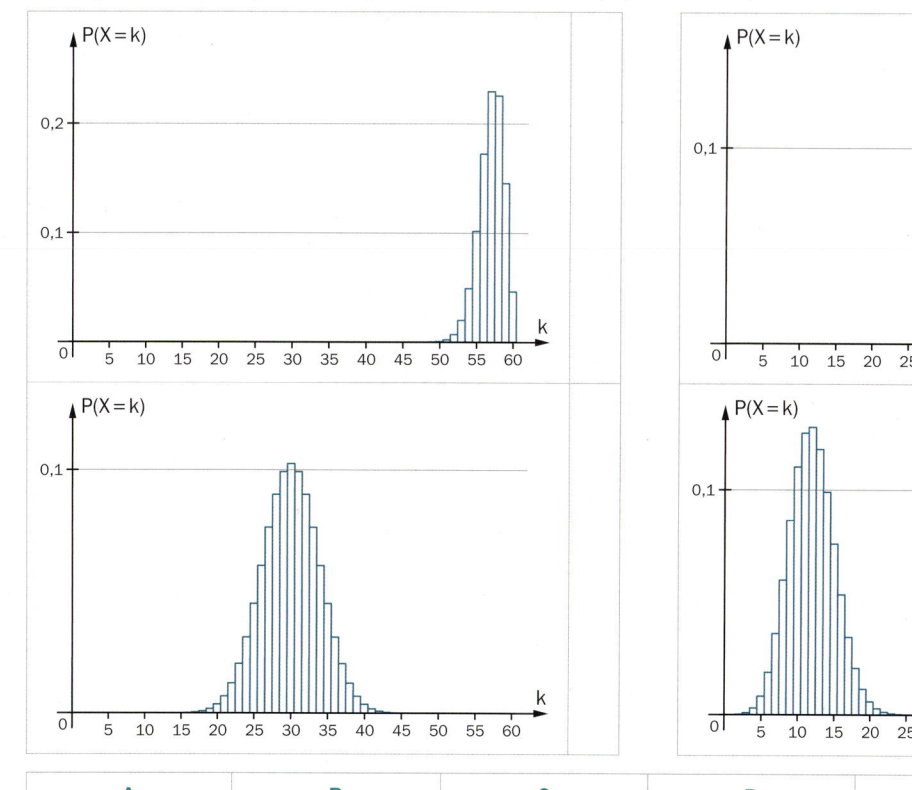

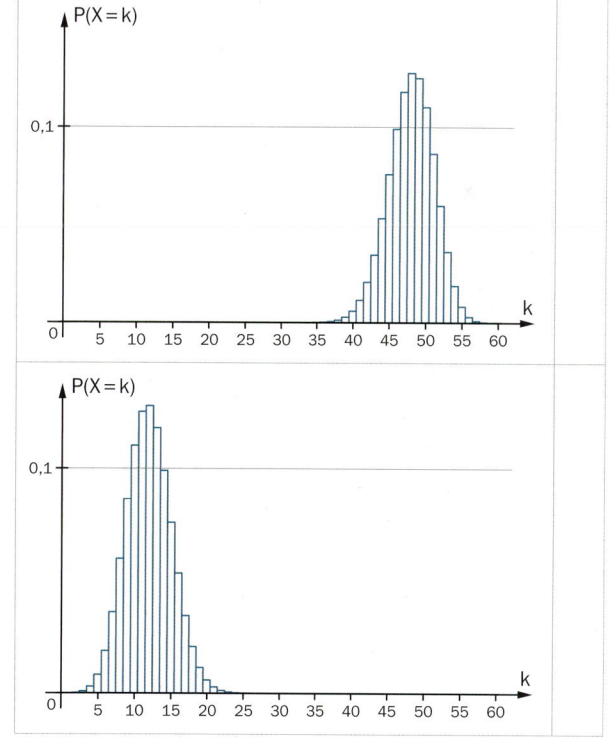

A	B	C	D	E	F
$p = 0,2$	$p = 0,4$	$p = 0,5$	$p = 0,8$	$p = 0,95$	$p = 1$

6.8 *Weitere diskrete Verteilungen*

Dieser Abschnitt enthält keine Reifeprüfungs- und Lehrplangrundkompetenzen.

7. Anwendungen der Differentialrechnung

7.1 Anwendungen in der Wirtschaft

Ziel	Grenzkosten berechnen und interpretieren	AN-R 1.3, FA-R 1.7

324

FA-R 1.7

Die Abbildung zeigt die monatlichen Kosten für mobiles Internet in Abhängikeit vom verbrauchtem Datenvolumen für zwei unterschiedliche Anbieter A und B.

Kreuze die beiden zutreffenden Aussagen an!

Anbieter A hat eine niedrigere Grundgebühr.	☐
Anbieter B verlangt pro GB 5 Euro (abgesehen von der Grundgebühr)	☐
Anbieter B ist immer billiger als Anbieter A.	☐
Anbieter A verlangt 15 Euro Grundgebühr.	☐
Bei einem Datenvolumen von weniger als 5 GB ist Anbieter B billiger.	☐

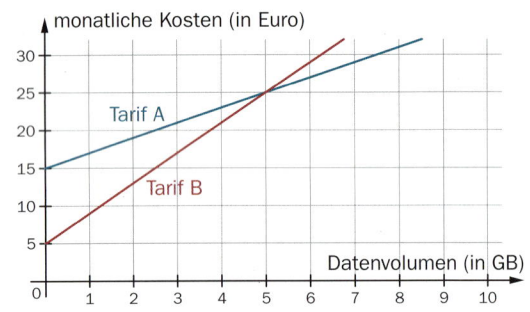

325

FA-R 1.7

Eine Kostenfunktion K beschreibt näherungsweise, wie die Produktionskosten von der Produktionsmenge x (in Stück) abhängen.
Eine bestimmte Kostenfunktion K ist durch ihren Graphen gegeben:

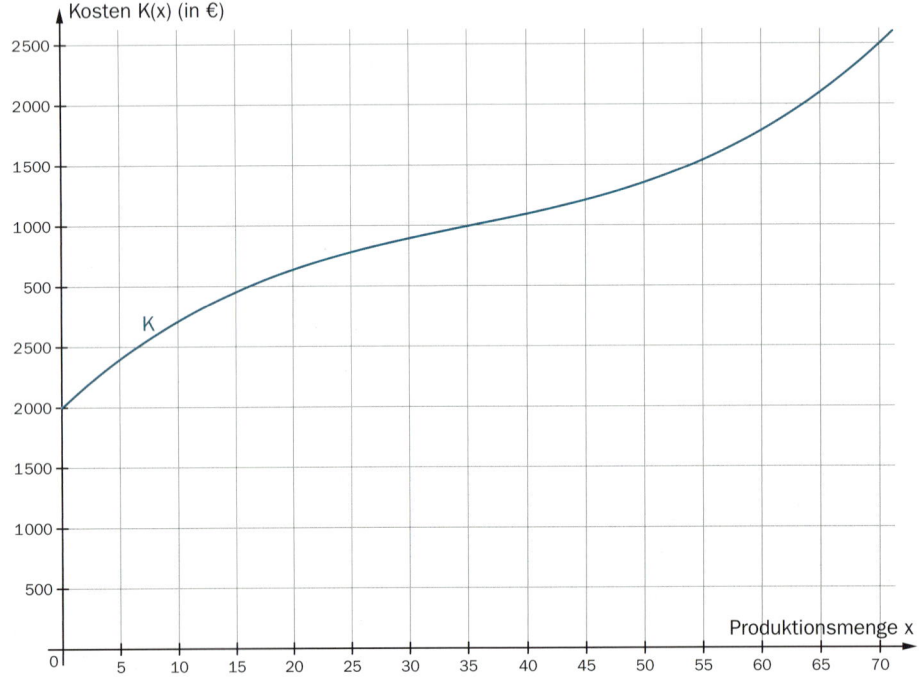

Kreuze die zutreffende(n) Aussage(n) an!

Bei einer Produktion von 35 Stück sind die Kosten minimal.	☐
Die Fixkosten liegen bei $2\,000\,€$.	☐
Bei jeder Erhöhung der Produktionsmenge steigen die Kosten.	☐
Bei einer Steigerung der Produktion von 0 auf 35 Stück steigen die Kosten um denselben Betrag wie für eine Steigerung von 35 auf 70 Stück.	☐
Ab einer Produktionsmenge von 35 Stück steigen die Produktionskosten immer stärker.	☐

326 Eine Kostenfunktion K zeigt die Abhängigkeit der Kosten $K(x)$ (in €) von der Produktion von x Stück einer Ware.

FA-R 1.7 In der Grafik ist eine konkrete Kostenfunktion dargestellt.

Kreuze die beiden zutreffenden Aussagen an!

Die Kostenfunktion hat kein globales Minimum.	☐
Die Kostenfunktion besitzt einen Wendepunkt.	☐
Wenn nichts produziert wird, sind auch die Kosten null.	☐
Die Kostenfunktion ist im gesamten dargestellten Intervall monoton steigend.	☐
Die Kostenfunktion ist eine Polynomfunktion zweiten Grades.	☐

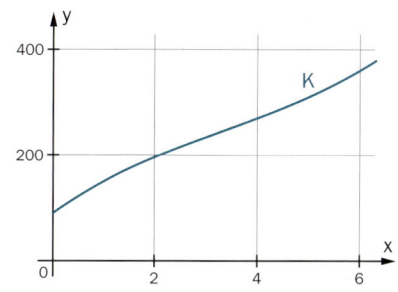

327 Ein Betrieb hat eine lineare Kostenfunktion K mit $K(x) = a + b \cdot x$ und $a, b \in \mathbb{R}^*$.

FA-R 1.7 Zeige rechnerisch, dass für diesen Betrieb gilt:
Die Stückkosten nähern sich bei steigender Produktionsmenge immer stärker den konstanten Grenzkosten $K'(x) = b$ an.

328 Eine Kostenfunktion K ist durch ihren Graphen gegeben.

FA-R 1.7 Gib an, bei welcher Produktionsmenge der degressive Kostenverlauf in einen progressiven übergeht.

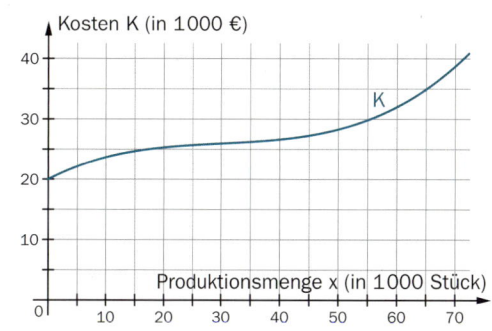

329 Bei der Produktion von x Stück eines Produktes fallen die Kosten K (in €) an.

AN-R 1.3 Interpretiere den Ausdruck $K'(30) = 2{,}8$ im Kontext.

330 Für einen Betrieb sind in der Abbildung die Kostenfunktion K,

FA-R 1.7 die Grenzkostenfunktion K' und Stückkostenfunktion k gegeben:
Das *Betriebsoptimum* ist jene Menge, bei der die (minimalen) Stückkosten und die Grenzkosten denselben Wert haben.

Bestimme das Betriebsoptimum!

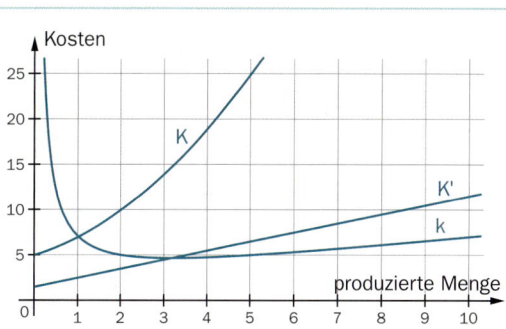

331

AN-R 1.3

Die Kostenfunktion K eines Produkts lautet: $K(x) = \frac{x^3}{6000} - \frac{x^2}{8} + \frac{125}{4}x + 2000$

Das *Betriebsoptimum* ist jene Menge x, bei der der Graph der Stückkostenfunktion k mit $k(x) = \frac{K(x)}{x}$ eine waagrechte Tangente hat.

Ermittle das Betriebsoptimum.

332

AN-R 1.3

Ein Betrieb hat die Kostenfunktion K mit $K(x) = 2x^2 + 0,6x + 50$. Das *Betriebsoptimum* liegt bei jener Menge x, bei der die Stückkostenfunktion k mit $k(x) = \frac{K(x)}{x}$ minimal ist.

Bestimme das Betriebsoptimum!

| **Ziel** | Maximalen Erlös und Gewinn mithilfe der Differentialrechnung berechnen | **AN-R 1.3, FA-R 1.7** |

333

FA-R 1.7

Eine Nachfragefunktion p ordnet jeder nachgefragten Menge x den entsprechenden Verkaufspreis $p(x)$ pro Stück (in €) zu. Eine bestimmte Nachfragefunktionfunktion p ist in Termdarstellung gegeben durch:
$$p(x) = 0,0065x^3 - 1,8036x^2 + 14,881x + 10000$$
Die Nachfrage steigt von 30 auf 80 Stück. Berechne, wie sich der Preis dabei pro Stück durchschnittlich verändert.

334

FA-R 1.7

Gegeben ist der Graph einer Nachfragefunktion p.

Interpretiere die Koordinaten der Punkte A und B im wirtschaftlichen Kontext!

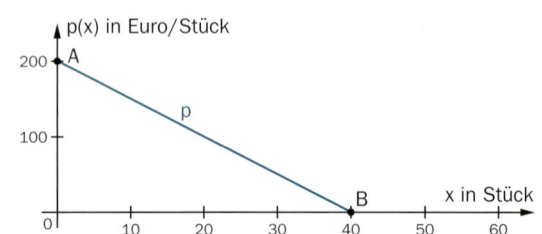

335

FA-R 1.7

Gegeben ist die Preis-Absatz-Funktion p.

Kreuze die beiden zutreffenden Aussagen an!

Die Sättigungsmenge beträgt 220 Stück.	☐
Der Stückpreis beträgt 20 000 €.	☐
Für die Erlösfunktion E gilt: $E(x) = p(x) \cdot x$	☐
Der maximale Erlös liegt bei $p(0)$.	☐
Der Höchstpreis kann anhand dieser Darstellung nicht ermittelt werden.	☐

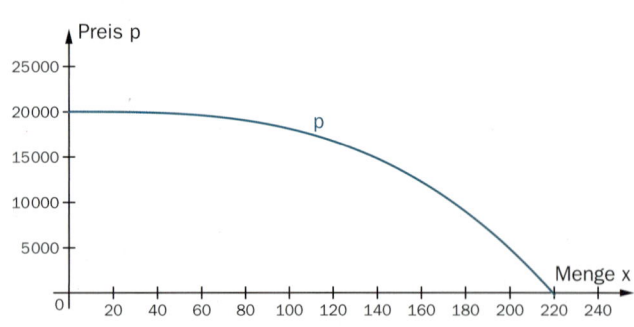

336

FA-R 1.7

Der Höchstpreis eines Produkts beträgt 25 €, die Sättigungsmenge liegt bei 100 000 Stück.

Kreuze den zutreffenden Term für die lineare Nachfragefunktion p an!

$p(x) = 4000x$	☐
$p(x) = x + 100000$	☐
$p(x) = -0,00025x + 25$	☐
$p(x) = -4000x + 100000$	☐
$p(x) = 0,00025x$	☐
$p(x) = 25x - 100000$	☐

337 Ordne jeder Beschreibung den passenden Fachbegriff (aus A bis F) zu!

FA-R 1.7

Produkt aus Stückpreis und verkaufter Menge	
Differenz aus Erlös und Kosten	
Quotient aus Kosten und produzierter Menge	
Produktionsmenge, ab der das Unternehmen einen Gewinn macht	

A	Break-Even-Point
B	Stückkosten
C	Betriebsoptimum
D	Gewinnmaximum
E	Gewinn
F	Erlös

338 Die Abbildung zeigt den Verlauf einer Gewinnfunktion G und einer Erlösfunktion E in Abhängigkeit von der produzierten Menge.

FA-R 1.7

Skizziere den ungefähren Verlauf der Kostenfunktion K im gegebenen Koordinatensystem!

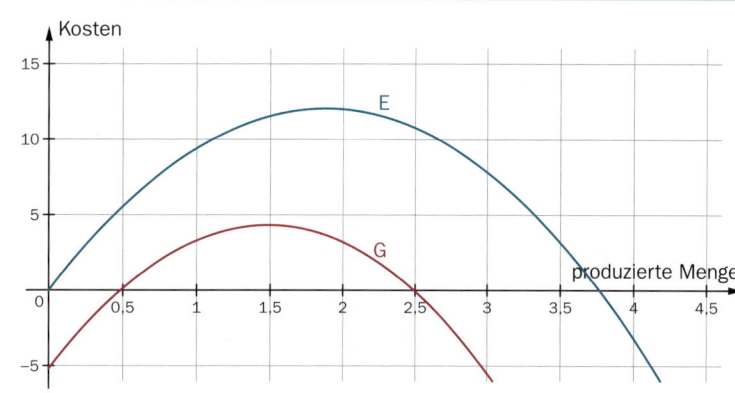

339 Gegeben sind die Kosten- und die Gewinnfunktion.

FA-R 1.7

Skizziere den ungefähren Verlauf des Graphen der Erlösfunktion.

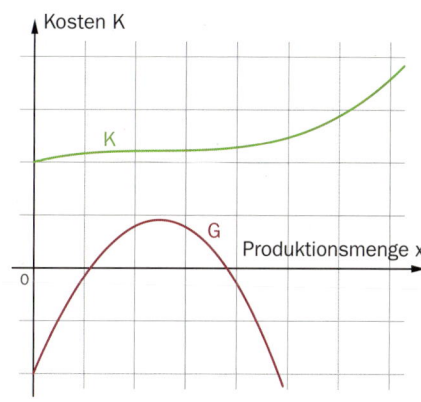

340 Im nebenstehenden Diagramm sind die Kostenfunktion K, die Erlösfunktion E sowie die Gewinnfunktion G eines Unternehmen dargestellt.

FA-R 1.7

Kreuze die beiden zutreffenden Aussagen an!

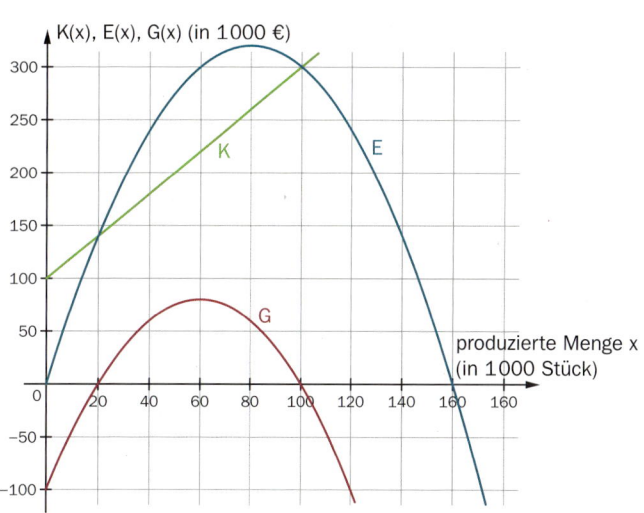

Die Schnittpunkte von K und E legen die Grenzen für den Gewinnbereich fest.	☐
Das Unternehmen hat Fixkosten in der Höhe von 20 €.	☐
Wenn das Unternehmen 80 000 Stück produziert und verkauft, so ist sein Gewinn maximal.	☐
Das Betriebsoptimum liegt bei 60 000 produzierten Stück.	☐
Für die Stückkostenfunktion k gilt: $k(x) = 2 + \frac{100}{x}$	☐

341

FA-R 1.7

Kreuze die beiden zutreffenden Aussagen an!

Die Stückkostenfunktion ist die erste Ableitung der Kostenfunktion.	☐
Im Betriebsoptimum sind die Stückkosten gleich den Grenzkosten.	☐
Gewinn = Kosten minus Erlös	☐
Die Grenzkostenfunktion ist die erste Ableitung der Kostenfunktion.	☐
Im Betriebsoptimum ist der Gewinn maximal.	☐

342

FA-R 1.7

Kreuze die beiden zutreffenden Aussagen an!

Erlösmaximum und Gewinnmaximum treten immer für dieselbe Produktionsmenge x auf.	☐
Im Betriebsoptimum sind die Grenzkosten minimal.	☐
Die Stückkosten sind die Kosten pro produzierter Mengeneinheit.	☐
Die Nachfragefunktion gibt den Preis in Abhängigkeit von der produzierten Menge an.	☐
Die Fixkosten sind der lineare Teil der Kostenfunktion.	☐

343

FA-R 1.7

In der Grafik sind die Kosten- und die Erlösfunktion eines Unternehmens gegeben.

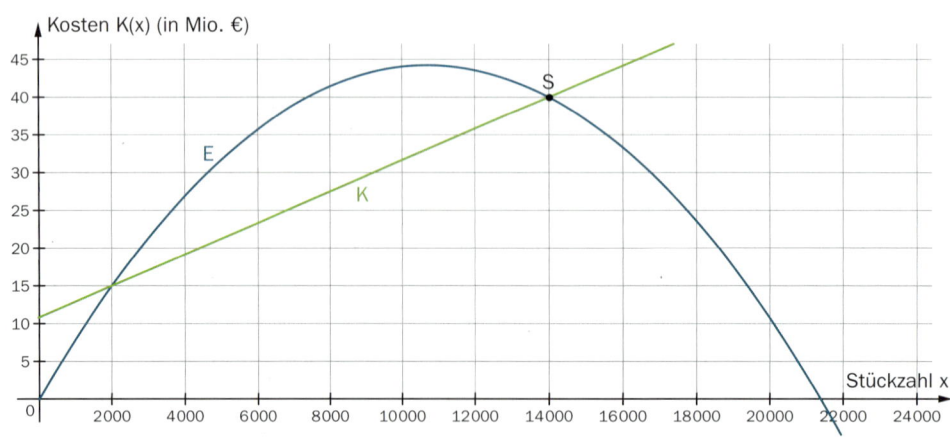

Interpretiere die beiden Koordinaten des markierten Schnittpunktes S der beiden Graphen im gegebenen Kontext.

344

FA-R 1.7

Gegeben sind die Kosten- und Erlösfunktion eines Unternehmens.
Kennzeichne im Diagramm den Gewinnbereich.

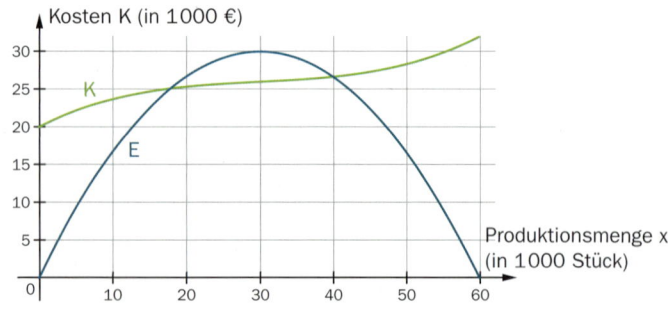

345

AN-R 1.3

In einem Betrieb werden die Kosten- und Erlösfunktion eines Produktes ermittelt (wobei x in 1 000 Stück angegeben ist):

$$K(x) = \frac{x^3}{25\,000} - \frac{x^2}{160} + \frac{x}{3} + 40 \qquad\qquad E(x) = -\frac{x^2}{32} + \frac{5}{2}x$$

Berechne den Break-Even-Point.

346

AN-R 1.3

In einem Unternehmen hat die Gewinnfunktion G folgende Form: $G(x) = -x^2 + 90x - 1800$

Dabei werden x in 1000 Stück und $G(x)$ in 1000 € angegeben.

Berechne den maximalen Gewinn dieses Unternehmens.

347

FA-R 1.7

Die Herstellungskosten eines Produkts können annähernd durch die lineare Funktion K mit $K(x) = 392 + 30x$ beschrieben werden. Beim Verkauf dieses Produkts wird ein Erlös erzielt, der annähernd durch die Funktion E mit $E(x) = -2x^2 + 100x$ angegeben werden kann. x gibt die Anzahl der produzierten und verkauften Einheiten des Produkts an.

Ermittle den Gewinnbereich!

348

FA-R 1.7

Von einer linearen Preis-Absatz-Funktion p sind der Höchstpreis und die Sättigungsmenge bekannt:

Stückzahl x	0	5000
$p(x)$ in €	320	0

Berechne, bei welcher Stückzahl der Erlös maximal ist und wie hoch dieser ist.

7.2 Anwendungen in den Naturwissenschaften

Ziel | Bewegungsabläufe mithilfe der Differentialrechnung modellieren | **AN-R 1.3, FA-R 1.7**

349

FA-R 1.7

Eine Silvesterrakete wird mit einer Anfangsgeschwindigkeit von 30 m/s senkrecht nach oben geschossen. Sie wird am höchsten Punkt gezündet.

Berechne, nach wie vielen Sekunden und in welcher Höhe die Rakete gezündet wird.

$t =$ _____ $h =$ _____

350

AN-R 1.3

Eine Gewehrkugel wird lotrecht nach oben geschossen. Für ihre Höhe h (in Metern) t Sekunden nach dem Abschuss gilt: $h(t) = -5t^2 + 64t$

Berechne $h'(2)$ und interpretiere den Wert im Kontext.

351

AN-R 1.3

Ein Fußballer macht einen Sprint über etwa 18 m in 4 Sekunden. Der dabei zurückgelegte Weg s kann durch $s(t) = 16(e^{-0,5t} - 1) + 8t$ modelliert werden.

Berechne die Geschwindigkeit, die der Fußballer am Ende dieses Sprints hat.

$v =$ _____

352

AN-R 1.3

Ein Elektroauto beschleunigt 15 Sekunden aus dem Stillstand. Der dabei zurückgelegte Weg s (in m) kann durch $s(t) = 400(e^{-0,1t} - 1) + 40t$ modelliert werden.

Berechne, wie lange das Elektroauto beschleunigt, um auf eine Geschwindigkeit von 100 km/h zu kommen. Beachte, dass 100 km/h = $\frac{100}{3,6}$ m/s.

353

AN-R 1.3

Ein Ball wird mit einer Geschwindigkeit von rund 20 m/s senkrecht nach oben geworfen. Für seine Höhe h (in Metern) t Sekunden nach dem Abwurf gilt: $h(t) = -5t^2 + 20t$

Berechne, zu welcher Zeit t_1 die Gleichung $h'(t_1) = 0$ erfüllt ist und gib die Bedeutung von t_1 und $h(t_1)$ an.

354

AN-R 1.3

Die Geschwindigkeit eines Spielzeugautos wird fünf Sekunden lang aufgezeichnet und ist im Diagramm dargestellt.

Kreuze die beiden zutreffenden Aussagen an!

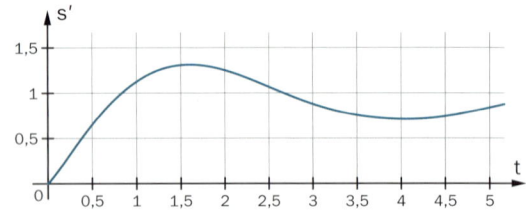

Das Auto bewegt sich im Intervall [1,5; 4] rückwärts.	☐
Die Beschleunigung ist zu zwei Zeitpunkten null.	☐
Das Auto legt weniger als 1,5 m zurück.	☐
Die Beschleunigung ist direkt nach dem Start der Aufzeichnung am größten.	☐
$a(1) < a(3)$	☐

355

AN-R 1.3

Ein Heißluftballon verändert seine Höhe abhängig von der Windgeschwindigkeit.

In der Abbildung ist grafisch dargestellt, wie sich bei einer Fahrt eines bestimmten Heißluftballons die Höhe h (in m) mit der Zeit t (in min) verändert. Für diese konkrete Ballonfahrt kann die Veränderung der Höhe im Zeitintervall $1 < t < 4$ näherungsweise durch eine lineare Funktion f mit $f'(t) \approx 55$ beschrieben werden.

Interpretiere die Gleichung $f'(t) \approx 55$ im gegebenen Kontext.

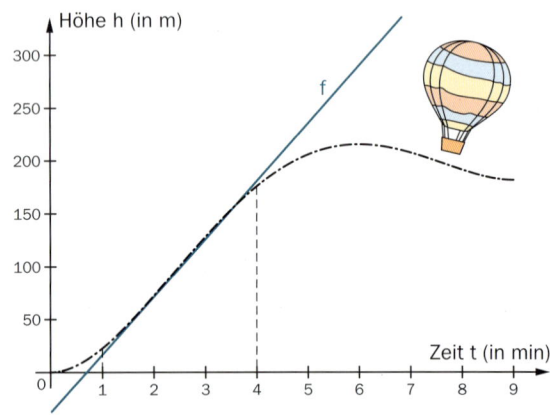

356

AN-R 1.3

Die Geschwindigkeit eines Fahrzeugs sinkt bei einem Bremsvorgang linear mit der Zeit t. Sie beträgt t Sekunden nach dem Start des Bremsvorgangs $v(t)$ m/s.

Für einen bestimmten Bremsvorgang gilt für alle $0 < t < 3$ folgende Gleichung:

$$\frac{v(3) - v(0)}{3} = v'(t)$$

Interpretiere diese Eigenschaft im gegebenen Kontext.

357

AN-R 1.3

In den folgenden beiden Abbildungen sind für den Zeitraum einer Stunde zwei verschiedene Bewegungsabläufe A und B mit derselben Durchschnittsgeschwindigkeit $v = 40$ km/h dargestellt:

$s_A(t)$ bzw. $s_B(t)$ gibt die bei Bewegung A bzw. B nach t Minuten zurückgelegte Strecke in km an.

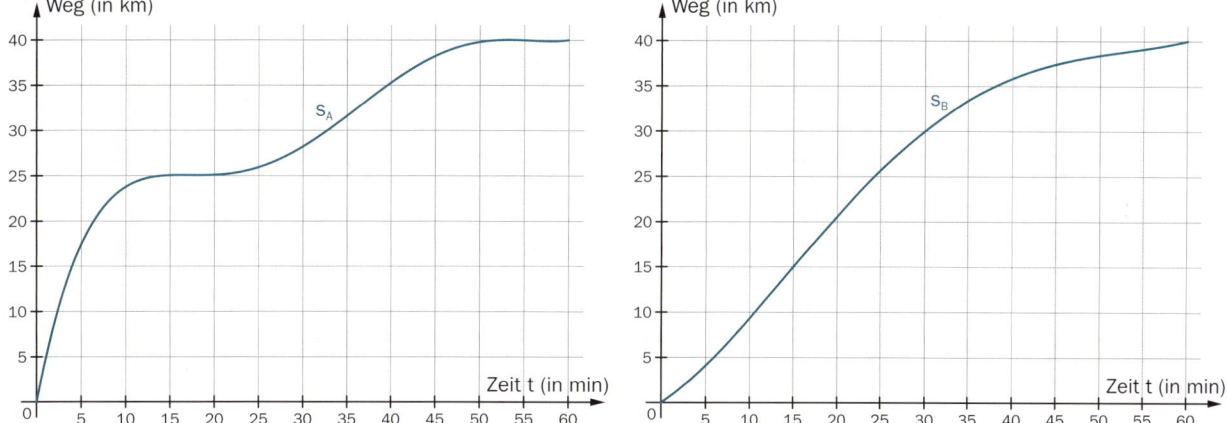

Kreuze die beiden zutreffenden Aussagen an!

Bewegung A weist nach 20 min eine höhere Momentangeschwindigkeit als Bewegung B auf.	☐
Die Momentangeschwindigkeit nach 45 min ist bei Bewegung B kleiner als die Durchschnittsgeschwindigkeit $v = 40$ km/h.	☐
Beide Bewegungen haben im gesamten Zeitraum eine positive Beschleunigung.	☐
Die Geschwindigkeit von Bewegung A nimmt in den ersten 20 min immer weiter zu.	☐
Die momentane Beschleunigung nach 30 min ist bei Bewegung A größer als bei Bewegung B.	☐

358

FA-R 1.7

Die Tageslänge, d.h. die Zeitdauer von Sonnenaufgang bis Sonnenuntergang, hängt nicht nur davon ab, wo auf der Erde man sich befindet, sondern auch von der Jahreszeit.
Die Abbildung zeigt den Graphen der Funktion L, die für einen bestimmten Ort an jedem Tag t seit Jahresbeginn angibt, wie viele Stunden von Sonnenaufgang bis Sonnenuntergang vergangen sind.

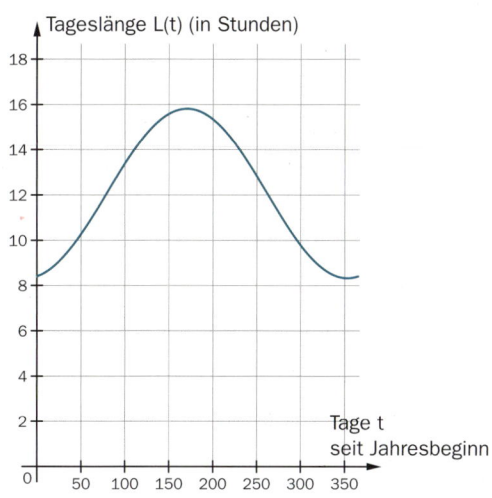

Interpretiere den Verlauf der Funktion L. Nimm dabei auch Bezug auf die Krümmung!

359

AN-R 1.3

Frisch gebrühter Kaffee mit einer Anfangs-
temperatur von 80 °C steht 1 Stunde in einem
Raum mit 20 °C und kühlt dabei immer mehr
ab.
Der Temperaturverlauf wird durch die Funktion
T beschrieben, die in der Abbildung grafisch
dargestellt ist.

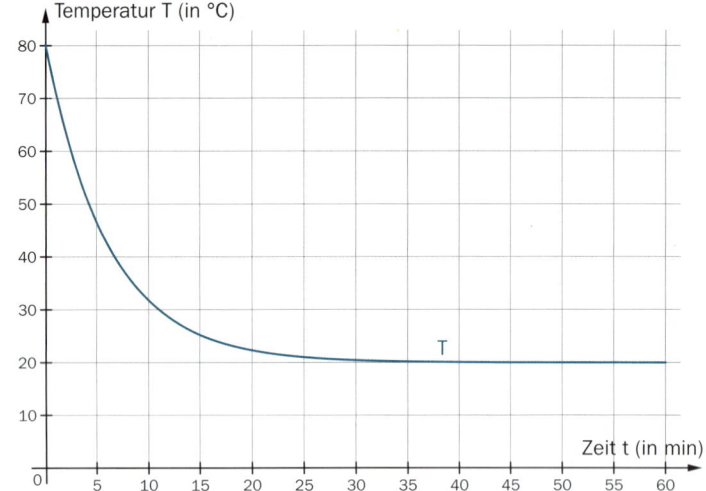

Die mittlere Änderungsrate für die ersten 60 Minuten beschreibt die durchschnittliche Abkühlgeschwindigkeit des
Kaffees in °C pro Minute.
Es gibt einen Zeitpunkt innerhalb dieser Stunde, zu dem die momentane Temperaturabnahme pro Minute gleich
dieser mittleren Änderungsrate für die ersten 60 Minuten ist.
Bestimme mithilfe der Abbildung jenen Zeitpunkt, auf den dies zutrifft.

360

AN-R 1.3

Die Abkühlung von Kaffee erfolgt gemäß dem Newton'schen Abkühlungsgesetz. Die Abbildung zeigt den Graphen
der Funktion *T*, die jedem Zeitpunkt *t* (in min) die entsprechende Temperatur (in °C) zuordnet.

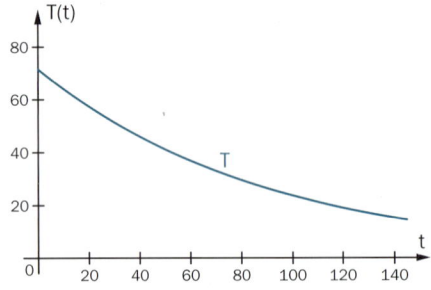

Interpretiere den Krümmungsverlauf der Funktion *T* im Kontext der Aufgabenstellung!

361

AN-R 1.3

Galileo steht auf dem Schiefen Turm von Pisa und hält eine Kugel. Zur Zeit $t = 0$ lässt er los. Für die Fallstrecke
$s(t)$ (in m) der Kugel $t \geq 0$ Sekunden nach dem Loslassen gilt näherungsweise $s(t) = 5t^2$.
Die Kugel hat *t* Sekunden nach dem Loslassen die Geschwindigkeit $v(t)$ (in m/s). Nach etwa 3,1 Sekunden erreicht
die Kugel den Boden.

Kreuze die beiden zutreffenden Aussagen an!

Die Geschwindigkeit der Kugel ist zu jedem Zeitpunkt gleich groß.	☐
In den ersten 3 Sekunden fällt die Kugel pro Sekunde 15 m tiefer.	☐
Beim Aufprall auf den Boden hat die Kugel die Geschwindigkeit 0 m/s.	☐
Die Geschwindigkeit der Kugel ergibt sich zu jedem Zeitpunkt als 1. Ableitung der Fallstrecke.	☐
Die Geschwindigkeit der Kugel hat zu jedem Zeitpunkt etwa den 10-fachen Wert der Fallzeit.	☐

Anwendungen in Biologie und Medizin

Ziel Differentialrechnung in Biologie und Medizin verständig einsetzen   **AN-R 1.3, AN-R 3.2, FA-R 1.7**

362
FA-R 1.7

Im medizinischen Kontext interessiert man sich häufig für die Geschwindigkeit, mit der sich eine Bakterienkultur vermehrt. Im Labor beobachtet man dazu die Fläche, die eine bestimmte Bakterienkultur in einer Petrischale bedeckt. Die Fläche A (in cm^2 hängt als Funktion von der Zeit t (in Stunden ab Beginn der Beobachtungen) ab.
Die Abbildung zeigt den Graphen der entsprechenden Funktion A.

Lies aus der Abbildung ab, zu welchem Zeitpunkt sich die mit Bakterien bedeckte Fläche in der Petrischale am schnellsten ausbreitet.

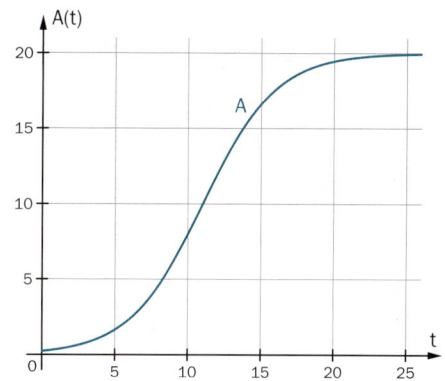

363
AN-R 1.3

Nach der Einnahme eines Medikaments gelangt dieses in den Blutkreislauf. Unmittelbar nach der Einnahme wird der Wirkstoff nach und nach abgebaut. Die Wirkstoffmenge $w(t)$, die $t \geq 0$ Minuten nach der Einnahme eines Arzneimittels noch im Blut vorhanden ist, wird in mg gemessen.
Der typische Verlauf der zeitlichen Entwicklung der Wirkstoffmenge im Blut wird in der nebenstehenden Abbildung dargestellt.

Gib an, ob die Funktion w positiv oder negativ gekrümmt ist und interpretiere das Vorzeichen der Krümmung im gegebenen Kontext.

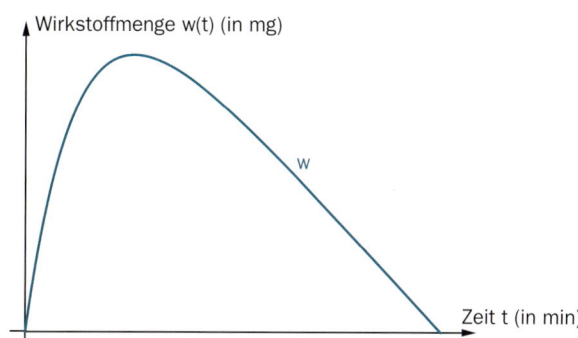

364
AN-R 1.3

Eine vom Aussterben bedrohte Tierart wird in einem Reservat angesiedelt. Die Anzahl der Individuen in dem Reservat in Abhängigkeit von der Zeit t in Jahren lässt sich durch die Funktion f beschreiben.
Der Graph von f ist dargestellt.

Begründe anhand der Abbildung, dass $f''(30) = 0$ ist und interpretiere die Gleichung im Kontext.

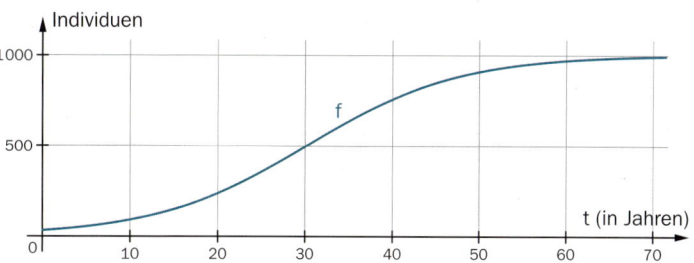

8. Komplexe Zahlen

8.1 Einführung der komplexen Zahlen

| Ziel | Komplexe Zahlen verständig einsetzen und darstellen | AG-R 1.1, AG-R 1.2, AG-L 1.5 |

365
AG-R 1.1

Begründe, warum $\sqrt{-16} \neq -4$.

366
AG-R 1.1

Zeige, dass das Quadrat von $10i$ gleich -100 ist!

367
AG-R 1.1

Begründe durch geeignete Umformungsschritte, dass $i^6 = -1$.

368
AG-R 1.1

Ordne jeder komplexen Zahl den entsprechende Real- oder Imaginärteil (aus A bis F) zu.

$z = 5 + i$	
$z = 5i$	
$z = 1$	
$z = -5i$	

A	$\text{Re}(z) = 5$
B	$\text{Im}(z) = -5$
C	$\text{Im}(z) = 5$
D	$\text{Re}(z) = -5$
E	$\text{Im}(z) = 0$
F	$\text{Im}(z) = -5i$

369
AG-R 1.1

Trage die Zahlen $\sqrt{-9}$, $-\sqrt{4}$, $1 + 3i$ und $-i^2$ in das gegebene Mengendiagramm ein!

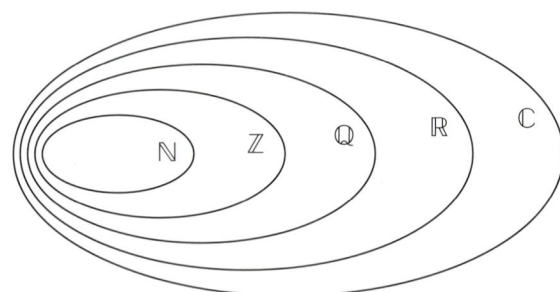

370
AG-R 1.1

Kreuze die zutreffende(n) Aussage(n) an!

$\sqrt{-4} \in \mathbb{R}$	☐
$0 \in \mathbb{Z}$	☐
$-3 \in \mathbb{C}$	☐
$-0,\overline{3} \notin \mathbb{Q}$	☐
$\frac{\sqrt{-4}}{2} - i \in \mathbb{R}$	☐

371
AG-R 1.1

Begründe, dass jede reelle Zahl r auch eine komplexe Zahl ist.

372

AG-R 1.1

Kreuze die beiden zutreffenden Aussagen an!

Jede Bruchzahl ist eine rationale Zahl.	☐
Jede komplexe Zahl ist eine rationale Zahl.	☐
Jede ganze Zahl ist eine natürliche Zahl.	☐
Jede rationale Zahl ist eine komplexe Zahl.	☐
Jede reelle Zahl ist eine ganze Zahl.	☐

373

AG-R 1.1

In der Abbildung ist dargestellt, wie eine komplexe Zahl $z = a + b \cdot i$ grafisch als Punkt in der Gauß'schen Zahlenebene dargestellt werden kann.

Kreuze die beiden zutreffenden Aussagen an!

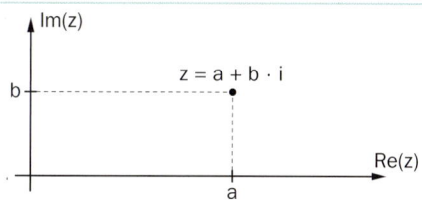

Jeder Punkt auf der senkrechten Achse steht für eine komplexe Zahl mit Realteil gleich 0.	☐
Jeder Punkt auf der senkrechten Achse steht für eine reelle Zahl.	☐
Jeder Punkt auf der waagrechten Achse steht für eine nicht-reelle komplexe Zahl.	☐
Jeder Punkt auf der waagrechten Achse steht für eine reelle Zahl.	☐
Jeder Punkt auf der waagrechten Achse steht für eine imaginäre Zahl.	☐

374

AG-L 1.5

Die komplexen Zahlen können in der Gauß'schen Zahlenebene veranschaulicht werden.

Kennzeichne jene $z \in \mathbb{C}$ in der gegebenen Abbildung, für die gilt: $z \in \mathbb{R}$

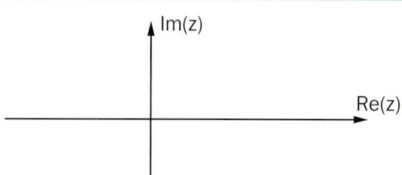

375

AG-L 1.5

Kreuze die beiden komplexen Zahlen mit dem gleichen Betrag an!

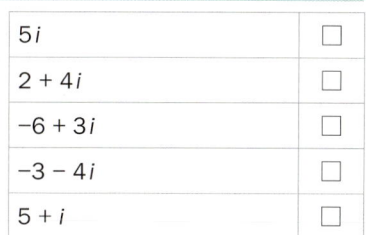

$5i$	☐
$2 + 4i$	☐
$-6 + 3i$	☐
$-3 - 4i$	☐
$5 + i$	☐

8.2 Rechnen mit komplexen Zahlen

Ziel | Mit komplexen Zahlen rechnen | **AG-L 1.5**

376

AG-L 1.5

Gegeben ist die komplexe Zahl $z = -3 + 2i$. Zeichne die konjugiert komplexe Zahl von z in der Gauß'schen Zahlenebene ein!

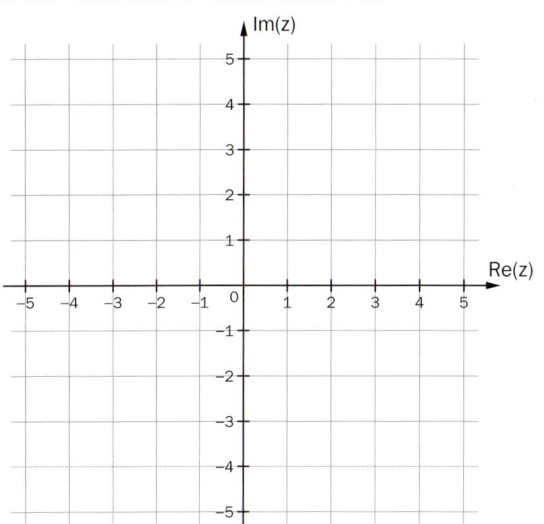

377

AG-L 1.5

Berechne die Zahl $z = (-4 - 3i) + (5 + 2i)$ und stelle sie in der Gauß'schen Zahlenebene dar.

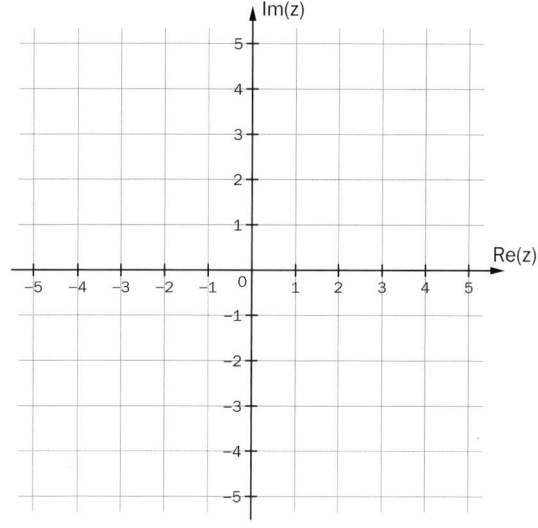

378

AG-L 1.5

Gegeben sind zwei komplexe Zahlen $z_1 = 4 - 3i$ und $z_2 = 3 + i$. Stelle z_1, z_2 und die Differenz $z_1 - z_2$ grafisch in der Gauß'schen Zahlenebene dar.

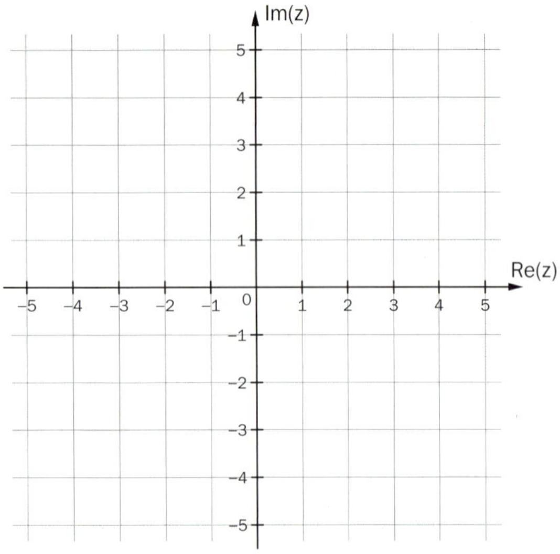

379

AG-L 1.5

Gegeben sind zwei komplexe Zahlen $z_1 = 1 + 2i$ und $z_2 = 1 - 2i$. Stelle z_1, z_2 und das Produkt $z_1 \cdot z_2$ grafisch in der Gauß'schen Zahlenebene dar.

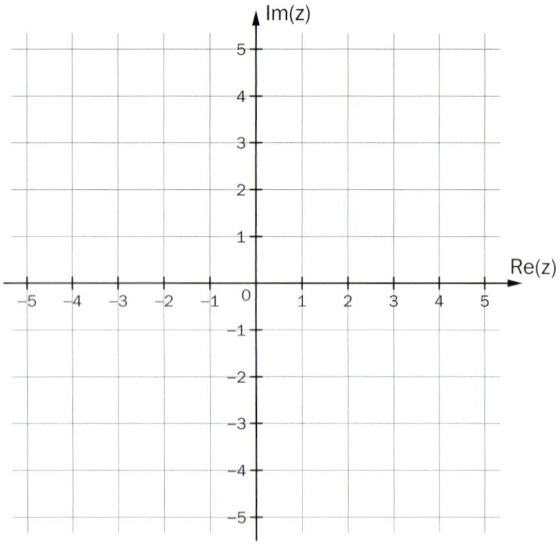

380

AG-L 1.5

Es sei z eine komplexe Zahl. Mit $\bar{z}$ bezeichnen wir ihre konjugiert komplexe Zahl. Welcher der nachstehenden Ausdrücke ergeben immer eine reelle Zahl?

Kreuze die beiden zutreffenden Ausdrücke an!

$-z$	☐
$\dfrac{z}{\bar{z}}$	☐
$z \cdot \bar{z}$	☐
$z + \bar{z}$	☐
$z - \bar{z}$	☐

381

AG-L 1.5

Kreuze die zutreffende(n) Aussage(n) an!

Die Zahl $\bar{z} = a - bi$ bezeichnet man als die konjugiert komplexe Zahl zu $z = a + bi$.	☐
Komplexe Zahlen sind gleich, wenn ihre Real- und Imaginärteile übereinstimmen.	☐
Der Betrag einer komplexen Zahl ist eine komplexe Zahl.	☐
Jedem Punkt der reellen Zahlenachse entspricht eine komplexe Zahl.	☐
Imaginäre Zahlen haben einen negativen Betrag.	☐

382

AG-L 1.5

Gegeben sind die beiden komplexen Zahlen $z_1 = 3 - 2i$ und $z_2 = 1 + i$. Berechne den Real- und Imaginärteil von $\frac{z_1}{z_2}$.

$\text{Re}\left(\frac{z_1}{z_2}\right) =$ _____

$\text{Im}\left(\frac{z_1}{z_2}\right) =$ _____

383

AG-L 1.5

Kreuze die beiden zutreffenden Aussagen an!

Jede reelle Zahl ist eine komplexe Zahl.	☐
Das Produkt rationaler Zahlen ist keine komplexe Zahl.	☐
Es gibt komplexe Zahlen, die auch natürliche Zahlen sind.	☐
Es gibt ganze Zahlen, die keine komplexen Zahlen sind.	☐
3 ist keine komplexe Zahl.	☐

384

AG-L 1.5

Gegeben sind die komplexen Zahlen $z_1 = 1 + 2i$ und $z_2 = 2 - i$.

Ordne jeder Rechnung das passende Ergebnis (aus A bis F) zu!

$z_1 + z_2$	
$z_1 - z_2$	
$z_1 \cdot z_2$	
$\frac{z_1}{z_2}$	

A	i
B	$-1 + i$
C	$3 + i$
D	$-1 + 3i$
E	$4 + 3i$
F	$3i$

385

AG-L 1.5

Gegeben ist die komplexe Zahl $z = 2 + 3i$.

Kreuze die beiden zutreffenden Aussagen an!

Die konjungiert komplexe Zahl ist $\bar{z} = -2 + 3i$.	☐
Der Realteil von z ist 2.	☐
Das Produkt von z und $\bar{z}$ ist eine reelle Zahl.	☐
Der Betrag von z ist 5.	☐
Der Imaginärteil von z ist $3i$.	☐

386

AG-L 1.5

Sechs komplexe Zahlen $z_1, \ldots, z_6$ sind in der Gauß'schen Zahlenebene grafisch dargestellt.

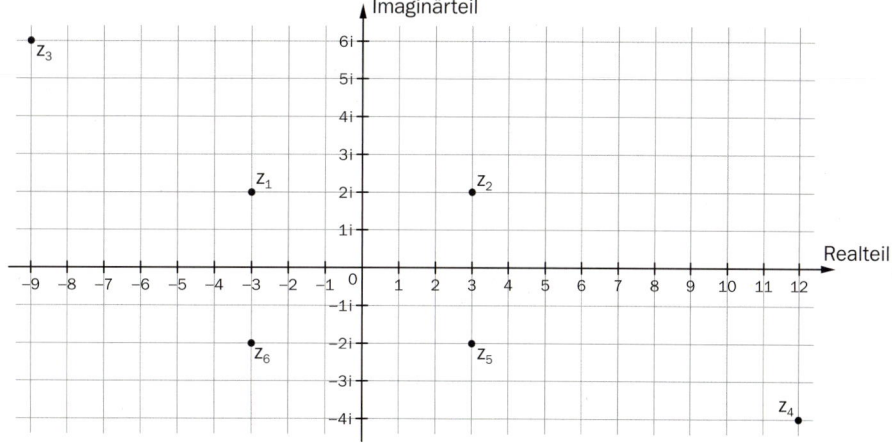

Ordne jeder Rechnung das entsprechende Ergebnis (aus A bis F) zu!

$-z_5$	
$3 \cdot z_1$	
$\overline{z_1}$	
$z_2 - z_3$	

A	z_1
B	z_2
C	z_3
D	z_4
E	z_5
F	z_6

387

AG-L 1.5

Kreuze die beiden zutreffenden Aussagen an!

Der Realteil einer komplexen Zahl ist eine reelle Zahl und der Imaginärteil einer komplexen Zahl ist eine imaginäre Zahl.	☐
Bei der Addition zweier komplexer Zahlen werden der Realteil der 1. Zahl und der Imaginärteil der 2. Zahl und der Imaginärteil der 1. Zahl und der Realteil der 2. Zahl addiert.	☐
Zwei komplexe Zahlen werden multipliziert, indem man die Realteile und die Imaginärteile miteinander multipliziert	☐
Die Division zweier imaginärer Zahlen kann eine reelle Zahl ergeben.	☐
Das Quadrat einer komplexen Zahl kann eine negative reelle Zahl sein.	☐

388

AG-L 1.5

Gegeben sind zwei komplexe Zahlen $z_1 = 3 + 4i$ und $z_2 = 1 - 5i$.
Ordne jeder Rechnung das entsprechende Ergebnis (aus A bis F) zu!

$z_1 + z_2$	
$z_2 - z_1$	
$z_1 \cdot z_2$	
$|z_2|$	

A	$\sqrt{26}$
B	$4 - i$
C	$1 + 5i$
D	4
E	$23 - 11i$
F	$-2 - 9i$

8.3 Quadratische Gleichungen in $\mathbb{C}$

Ziel	Quadratische Gleichungen in $\mathbb{C}$ lösen	AG-R 2.3, AG-L 2.6

389

AG-R 1.2

Die beiden gegebenen Gleichungen sollen über der Grundmenge $\mathbb{C}$ gelöst werden:
Gleichung 1: $x^2 = -9$ Gleichung 2: $(x + 3i) \cdot (x - 3i) = 0$
Begründe, warum die beiden Gleichungen äquivalent sind.

390

AG-R 2.3

Löse die gegebene Gleichung in $\mathbb{C}$.
$-x^2 + 2x - 10 = 0$

391

AG-R 2.3

Gegeben ist eine quadratische Gleichung. Ordne jedem Lösungsfall die passende Aussage für die Diskriminate D (aus A bis C) zu!

eine reelle Lösung	
zwei reelle Lösungen	
zwei Lösungen in $\mathbb{C}\backslash\mathbb{R}$	

A	$D < 0$
B	$D > 0$
C	$D = 0$

392
AG-R 2.3

Gegeben ist die normierte quadratische Gleichung $x^2 + px + q = 0$ mit $p \in \mathbb{R}$, $q \in \mathbb{R}$. Kreuze die beiden Bedingungen an, für die zumindest eine reelle Lösung vorliegt!

$p^2 > 2q$	☐
$q > 0$	☐
$p = q$	☐
$\left(\frac{p}{2}\right)^2 - q > 0$	☐
$p^2 = 4q$	☐

393
AG-R 2.3

Kreuze die beiden quadratischen Gleichungen an, die zwar in $\mathbb{C}$ lösbar sind, jedoch nicht in $\mathbb{R}$.

$x^2 + 9 = 0$	☐
$x^2 = 16$	☐
$x^2 - 25x = 0$	☐
$x^2 = -1$	☐
$x^2 = 2$	☐

394
AG-R 2.3

Gegeben ist die normierte quadratische Gleichung $x^2 + px + q = 0$ mit reellen Zahlen p, q.

Welche Aussagen können über die verschiedenen Lösungsfälle gemacht werden?

Ordne die entsprechenden Terme den Aussagen (aus A bis F) zu!

Die Gleichung hat eine Doppellösung.	
Die Gleichung hat keine reelle Lösung.	
Die Gleichung hat zwei verschiedene reelle Lösungen.	
0 ist eine Lösung der Gleichung.	

A	$\left(\frac{p}{2}\right)^2 - q > 0$
B	$p \neq 0$ und $q = 0$
C	$\frac{p^2}{4} - q = 0$
D	$\frac{p^2}{2} - 4q = 0$
E	$p = 0$ und $q \neq 0$
F	$\frac{p^2}{4} - q < 0$

395
AG-R 2.3

Gegeben ist die quadratische Gleichung $x^2 + 9x + c = 0$ mit Parameter $c \in \mathbb{R}$.

Gib alle Werte für den Parameter c an, für die die Gleichung keine reellen Lösungen hat.

396
AG-R 2.3

Gegeben ist die quadratische Gleichung $x^2 + a = 6x$.

Bestimme den Wert des Parameters a so, dass die Gleichung zwei konjungiert komplexe Lösungen besitzt.

397
AG-R 2.3

Gegeben ist eine quadratische Gleichung der Form $x^2 + px + q = 0$ mit $p, q \in \mathbb{R}$.

Kreuze die beiden zutreffenden Aussagen an!

Die Gleichung hat mindestens eine Lösung in $\mathbb{C}$.	☐
Die Gleichung hat zwei reelle Lösungen, wenn $\frac{p^2}{4} < q$.	☐
Die Gleichung hat entweder zwei oder gar keine Lösung in $\mathbb{C}\backslash\mathbb{R}$.	☐
Die Gleichung hat mindestens eine Lösung in $\mathbb{C}\backslash\mathbb{R}$.	☐
Die Gleichung hat mindestens eine Lösung in $\mathbb{R}$.	☐

398
AG-R 2.3

Gegeben ist die Gleichung $x^2 + 10x + a = 0$ mit $a \in \mathbb{R}$.

Kreuze die beiden zutreffenden Aussagen an!

Für $a = 9$ hat die Gleichung zwei konjugiert komplexe Lösungen.	☐
Für $a < 25$ hat die Gleichung zwei Lösungen in $\mathbb{R}$.	☐
Für die Diskriminante D gilt: $D = \sqrt{25 - a}$	☐
Die Gleichung hat mindestens eine und höchstens zwei Lösungen in $\mathbb{C}$.	☐
Die Gleichung hat genau dann zwei Lösungen in $\mathbb{C}$, wenn $a > 25$.	☐

399

AG-R 2.3

Eine quadratische Gleichung $x^2 + px + q = 0$ mit Parametern $p, q \in \mathbb{R}$ hat eine Doppellösung x^*.

Begründe, dass die Lösung eine reelle Zahl ist.

400

AG-L 2.6

Gib alle Gleichungen der Form $x^2 + px + q = 0$ $(p, q \in \mathbb{R})$ an, für die gilt:

Die Gleichung hat zwei reelle Lösungen $x_1 = c$ und $x_2 = -c$, die sich nur durch das Vorzeichen unterscheiden.

401

AG-R 2.3

Gegeben ist die quadratische Gleichung $9x^2 + bx + 4 = 0$ mit Parameter $b \in \mathbb{R}$.

Kreuze die beiden Bedingungen für den Parameter b an, für die die Gleichung ausschließlich nicht-reelle komplexe Lösungen hat.

$b \le -12$	☐
$-12 < b < 12$	☐
$-12 \le b \le 12$	☐
$|b| < 12$	☐
$b < 12$	☐

402

AG-L 2.6

Gib eine quadratische Gleichung mit reellen Koeffizienten mit den Lösungen $x_1 = 2 + 7i$ und $x_2 = 2 - 7i$ an!

403

AG-L 2.6

Gib eine quadratische Gleichung mit reellen Koeffizienten an, die $2 + 3i$ als Lösung besitzt!

8.4 Fundamentalsatz der Algebra

Ziel	Den Fundamentalsatz der Algebra kennen	AG-L 2.8

404

AG-L 2.8

Kreuze die beiden zutreffenden Aussagen an!

Mit komplexen Zahlen können beliebige Gleichungen gelöst werden.	☐
Algebraische Gleichungen 3. Grades haben 3 komplexe Lösungen.	☐
Es gibt algebraische Gleichungen 3. Grades mit mehr als 3 Lösungen.	☐
Die Menge der reellen Zahlen wird zur Menge der komplexen Zahlen erweitert, damit alle quadratischen Gleichungen eine Lösung haben.	☐
Die Menge der natürlichen Zahlen wird zur Menge der ganzen Zahlen erweitert, damit alle linearen Gleichungen eine Lösung haben.	☐

405

AG-L 2.8

Gegeben ist die Gleichung $(x - 1)^2 \cdot (x^2 - 6x + 13) = 0$.

Kreuze die beiden zutreffenden Aussagen an!

Die Gleichung hat eine reelle und zwei imaginäre Zahlen als Lösung.	☐
Die Gleichung hat zwei verschiedene reelle und zwei verschiedene nicht-reelle Lösungen.	☐
Die Gleichung hat die Lösungsmenge $L = \{1; \pm(3 + 2i)\}$.	☐
Der Grad der algebraischen Gleichung ist höher als die Anzahl der verschiedenen Lösungen.	☐
Die Gleichung hat über der Grundmenge $G = \mathbb{C}$ mehr Lösungen als über $G = \mathbb{R}$.	☐

406
AG-L 2.8

Begründe, warum eine Polynomfunktion dritten Grades mindestens eine reelle Nullstelle besitzt.

407
AG-L 2.8

Gib eine algebraische Gleichung an, die folgende Lösungen besitzt: $x_1 = 7\,i$, $x_2 = -7\,i$, $x_3 = 2$

408
AG-L 2.8

Bestimme die Lösungsmenge der Gleichung $x^3 - 6x^2 + 10x = 0$ über der Grundmenge $\mathbb{C}$.

409
AG-L 2.8

Zeige rechnerisch, dass $z_1 = 2\,i$ eine Lösung der Gleichung $x^3 + x^2 + 4x + 4 = 0$ ist und finde die restlichen Lösungen über der Grundmenge $\mathbb{C}$.

410
AG-L 2.8

Löse die Gleichung über $\mathbb{C}$ und schreibe den linken Term als ein Produkt von Linearfaktoren!
$x^3 - 2x^2 + 10x = 0$

411
AG-L 2.8

Kreuze die zutreffende(n) Aussage(n) an!

Jede algebraische Gleichung besitzt über $\mathbb{R}$ mindestens eine Lösung.	☐
Eine algebraische Gleichung zweiten Grades besitzt über $\mathbb{C}$ genau zwei verschiedene Lösungen.	☐
Eine algebraische Gleichung vierten Grades besitzt über $\mathbb{C}$ vier verschiedene Lösungen.	☐
Eine algebraische Gleichung beliebigen Grades besitzt über $\mathbb{C}$ mindestens eine Lösung.	☐
Es gibt algebraische Gleichungen, die über $\mathbb{C}$ keine Lösung besitzen.	☐

412
AG-L 2.8

Eine algebraische Gleichung kann reelle Lösungen und nicht-reelle komplexe Lösungen haben. Welche Lösungsfälle sind bei einer algebraischen Gleichung vom Grad 3 möglich?
Kreuze die beiden zutreffenden Möglichkeiten an!

1 reelle und keine nicht-reelle komplexe Lösung	☐
3 verschiedene nicht-reelle komplexe Lösungen	☐
2 verschiedene reelle und 1 nicht-reelle komplexe Lösung	☐
keine reelle und keine nicht-reelle komplexe Lösung	☐
1 reelle und 2 verschiedene nicht-reelle komplexe Lösungen	☐

8.5 *Polar- und Exponentialform (RG)*

Zu diesem Abschnitt gibt es keine Reifeprüfungs- und Lehrplan-Grundkompetenzen.

8.6 *Potenzen und Wurzeln komplexer Zahlen (RG)*

Die Zu diesem Abschnitt gibt es keine Reifeprüfungs- und Lehrplan-Grundkompetenzen.

Lösungen

Kapitel 1

1 $\frac{f(7) - f(3)}{4} \approx \frac{10}{4} = 2{,}5$

2 $k = \frac{4 - (-2)}{5 - 3} = 3$

3 $k_{\text{Sekante}} = -0{,}5$

4 Intervall [0; 5]

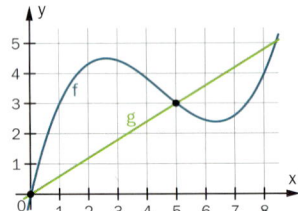

5 z. B.

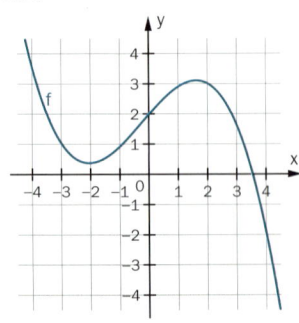

6

			x	x	

7 $\frac{1270}{7} \approx 181{,}4$

Im Zeitraum 2010 bis 2017 steigt die Anzahl der Studierenden jährlich um durchschnittlich 181 Personen.

8 $\frac{47 - 65}{4} = -4{,}5\ \frac{°C}{\text{min}}$

Der Tee kühlt zwischen der ersten und fünften Minute seit der Zubereitung durchschnittlich um 4,5 $\frac{°C}{\text{min}}$ ab.

9 $\frac{302\,843 - 322\,212}{2017 - 2015} = -9\,684{,}5$

Im Zeitraum 2015–2017 ist die Anzahl der Arbeitslosen pro Jahr durchschnittlich um 9 684,5 Personen gesunken.

10 $\frac{\Delta n}{\Delta t} = \frac{15\,000}{4} = 3\,750$

Im Durchschnitt erkranken in den ersten vier Wochen wöchentlich 3 750 Personen.

11 $\frac{W(2010) - W(1980)}{2010 - 1980} \approx 0{,}082$

Im Zeitraum von 1980 bis 2010 hat die Weltbevölkerung pro Jahr um durchschnittlich 82 Mio. Menschen zugenommen.

12 durchschnittliche Höhenzunahme des Wasserstandes in m pro h während der ersten vier Stunden des Füllvorganges

13 durchschnittliche Beschleunigung des Fallschirmspringers in m/s^2 im Zeitraum von 2 bis 4 Sekunden nach dem Absprung

14

	x	x	

15 $f'(2) = 0{,}6$

16

x		x	

17

	x	x	

18

	x	x	

19 $f'(6) = 2{,}5$

20 $f'(-2) = -4$

21

	x	x	

22

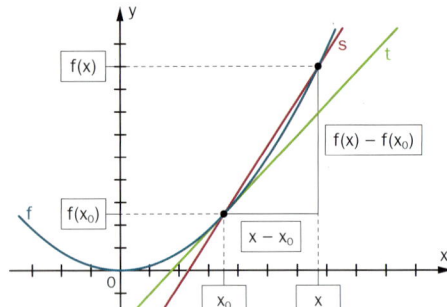

23 C B E D

24

x	x	x	x

25

	x	x	

26 z. B.

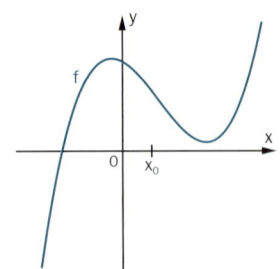

27

		x		x	

28

		x	x	

29 $y = 4$

30 $4 \le t \le 16$, weil die Funktion in diesem Zeitintervall linear verläuft.

31 $\frac{(1\,436{,}76 - 523{,}6)}{2} = 456{,}6$

Pro cm Zunahme der Länge des Radius der Kugel nimmt ihr Volumen um durchschnittlich etwa 457 cm^3 zu, wenn der Radius von 5 cm auf 7 cm anwächst.

32 $\frac{s(110) - s(100)}{110 - 100} = 14$

Für 100 km/h $\le v \le$ 110 km/h gilt: Wird die Geschwindigkeit um 1 km/h erhöht, so verlängert sich der Bremsweg im Mittel um 14 m.

33

	x	x		

34 Momentane Änderung der Temperatur $\left(\text{in } \frac{°C}{\text{Tag}}\right)$ an einem bestimmten Tag.

35

x			

36

	x		x	

37 $\frac{1\,000}{70} \approx 14{,}3 \Rightarrow$ ca. 14,3 m/s

38 Die mittlere Geschwindigkeit beträgt ca. $\frac{275}{15}$ m/s $\approx$ 18,3 m/s. Die momentane Geschwindigkeit entspricht der Steigung der Tangente bei $t = 30$ s und beträgt rund 15 m/s.

39 A D B C

40 $\frac{s(8) - s(0)}{8} = \frac{136}{8} = 17$

In den ersten 8 Sekunden legt das Auto im Durchschnitt pro Sekunde einen Weg von 17 Metern zurück.

41

x	x	x		

42

x			x	

43

			x	x	

44 $f'(3) \approx -0{,}66$

45

46

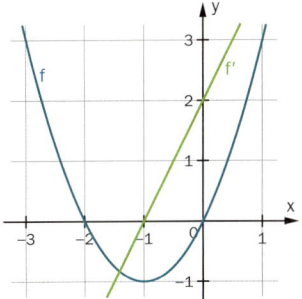

47

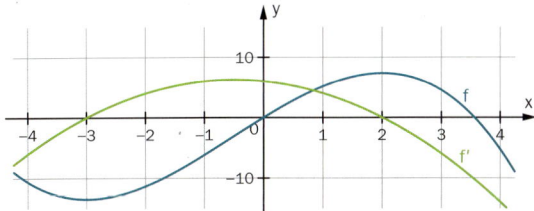

48

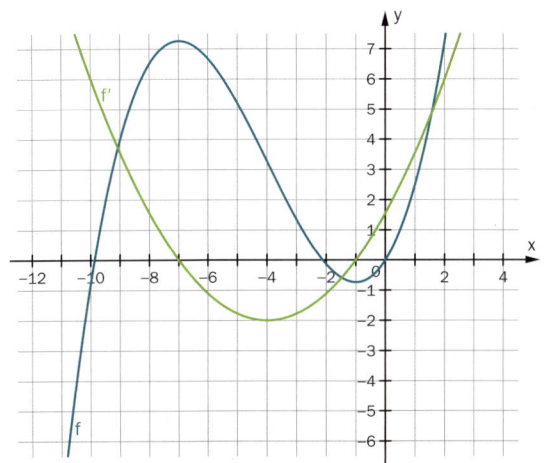

49 Die Funktion f mit $f(x) = 3x^3$ ist auf ganz $\mathbb{R}$ streng monoton steigend, für die Ableitungsfunktion dieser Funktion muss daher $f'(x) > 0$ gelten. Dies trifft auf die dargestellte Ableitungsfunktion aber nicht zu.

50 E B C F

51 A C E D

52

53

54 E D F A

55 $f'(t) = -\dfrac{4t^3}{3} - 4t$

56 A D F B

57 F C B D

58 $k = f'(4) = 16$

59 $t: \ y = -5x + 1$

60

61 $(-\infty;\, 1)$ (bzw. $x < 1$)

62 $(2;\, \infty)$ (bzw. $x > 2$)

63

64 An der Stelle 6 hat f eine waagrechte Tangente, weil f' an der Stelle 6 eine Nullstelle hat.

65

Kapitel 2

66 C D E F

67 $M = (-9 \,|\, 17), \ r = 12$

68 $M = (10 \,|\, -7), \ r = 5$

69

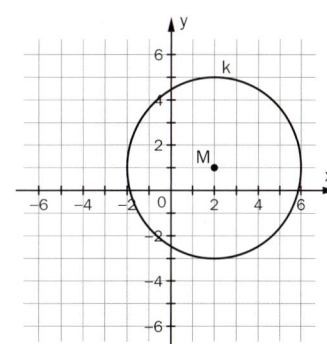

70

71

72 zeilenweise: C B   F A

73 $x^2 + y^2 = 1$

74 $(x - 1)^2 + (y - 4)^2 = 13$

75 $(x + 1)^2 + (y - 3)^2 = 16$

76 $M = (1 \,|\, 3), \ r = \sqrt{5}$

77 $(3 - 1)^2 + (-2 + 5)^2 = 13$
$ 2^2 + 3^2 = 13$
$ 13 = 13 \ \text{w. A.} \ \Rightarrow A \in k$

78

79 $y_P = -5$

80 $r = 5$

81 Ja, der Kreis berührt die x-Achse an der Stelle 1, da sein Mittelpunkt $M = (1 \,|\, 3)$ und der Radius $r = 3$ ist.

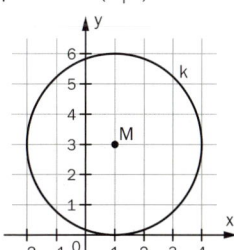

82 $a > -16$

83

84 $A = (3 \,|\, 0), \ B = (9 \,|\, 8); \ \overline{AB}$ ist ein Durchmesser, da $\overline{AB} = 10$

85 g ist Passante zu k

86 g ist Tangente an k, da g und k genau einen Schnittpunkt P besitzen. $P = (9 \,|\, -1)$

87 g ist Tangente an k, da g und k genau einen Schnittpunkt P besitzen. $P = (0 \,|\, 6)$

88

89 Eine Gerade g ist genau dann eine Tangente an einen Kreis k, wenn $d(M, G) = r$ für genau einen Punkt G auf der Geraden gilt.

90 Die Gerade g und der Kreis k besitzen zwei gemeinsame Punkte: $(-3 \,|\, 2)$ und $(4{,}2 \,|\, -0{,}4) \Rightarrow g$ ist Sekante zu k

91 $y = 1$; $y = 7$

92 E A F D

93

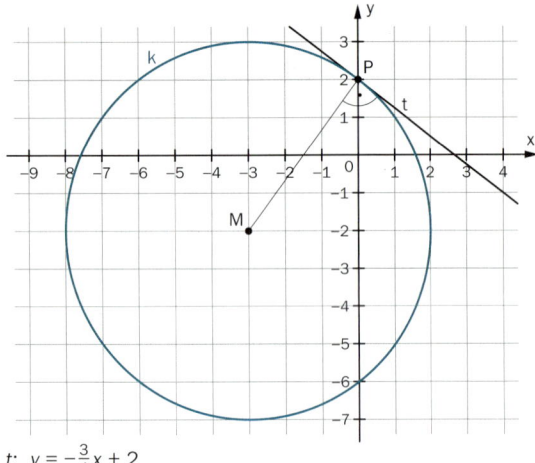

t: $y = -\frac{3}{4}x + 2$

94 $d = -2{,}5$

95 $a = -6$

96 $-22 < d < 3$

97 | x | x | x | |

98 ell: $16x^2 + 25y^2 = 400$ bzw.
ell: $\frac{x^2}{25} + \frac{y^2}{16} = 1$

99 B A D E

100 | | x | | x | |

101 hyp: $\frac{x^2}{4} - \frac{y^2}{5} = 1$ bzw. hyp: $5x^2 - 4y^2 = 20$

102 | | | x | x | |

103 | x | x | | |

104 $A = (2\,|\,0)$, $B = (-2\,|\,0)$, $C = \left(0\,|\,\sqrt{12}\right)$, $D = \left(0\,|\,-\sqrt{12}\right)$

105 zeilenweise: E A   C F

106 par: $y^2 = 8x$

107 $F = (2{,}5\,|\,0)$

108 E F B D

109

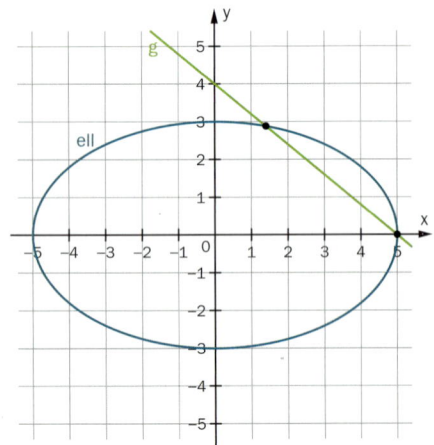

110 g ist Tangente an k, da g und k genau einen Schnittpunkt P besitzen. $P = (-3\,|\,-1)$

111 | | x | | x | |

112 $P = (3\,|\,2{,}5)$

113 | | x | | x | |

114 $a = -4$

Kapitel 3

115 | | x | | x | |

116 F E D A

117 $s'(t) = 9t^2 - 5$

118 | x | | | x | |

119 | | x | | | x |

120 $g(x) = f(x) + c$ mit $c \in \mathbb{R}^*$, z. B. $g(x) = x^4 - 3x^2 + 1$

121 F B D A

122 $f'(3) = 6$

123 $P = (8\,|\,-8)$

124 $(0\,|\,-1)$

125 Der Fußball muss unter einem Winkel von 42,5° abgeschossen werden.

126 Der Körper schlägt mit einer Geschwindigkeit von ca. 0,3 m/s am Boden auf. ($s'(2{,}22) \approx -0{,}3$)

127

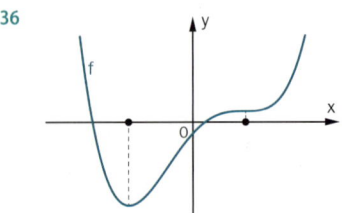

128 Eine Polynomfunktion mit drei verschiedenen Nullstellen muss mindestens vom Grad 3 sein.

129 Eine Polynomfunktion vom Grad 3 hat mindestens eine und höchstens drei Nullstellen.

130 | x | | x | | |

131 | | x | | x | |

132 $a = 5$ oder $a = -5$

133 | | x | x | | |

134 $x_1 = -1$ und $x_2 = 1{,}5$

135 $f(5) = 0$, weil f an der Stelle 5 die x-Achse schneidet.
$f'(5) = 0$, weil f an der Stelle 5 eine waagrechte Tangente hat.
$f''(5) = 0$, weil die Krümmung von f an der Stelle 5 ihr Vorzeichen ändert.
$\Rightarrow f(5) = f'(5) = f''(5) = 0$, daher hat die Nullstelle mindestens Vielfachheit 3.

136

137 | x | x | x | | x |

138

139 | | x | | x |

140 Die Gleichung $f'(a) = 0$ sagt nur aus, dass die Funktion f an der Stelle a eine waagrechte Tangente besitzt.
Die Funktion könnte daher auch wie in der Abb. aussehen.

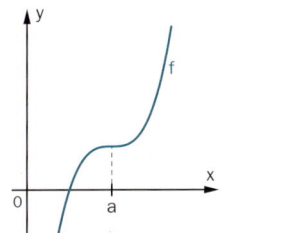

141 $f'(x) = \dfrac{x^3}{2} - 4x^2 + 8x, \quad f'(0) = 0$
$f''(x) = \dfrac{3x^2}{2} - 8x + 8, \quad f''(0) = 8 > 0$
$\Rightarrow f$ hat an der Stelle $x = 0$ eine lokale Minimumstelle.

142 Die maximale Flughöhe beträgt 5 m.

143 Die erste Ableitung $f'(x) = 2ax + b$ ist eine lineare Funktion. Da die Gleichung $2ax + b = 0$ genau eine Lösung besitzt $\left(\text{nämlich } x = -\dfrac{b}{2a}\right)$ und $f''(x) = 2a \neq 0$ gilt, hat f genau eine Extremstelle.

144 | x | | | x | |

145 D C B A

146 | | x | | x | |

147

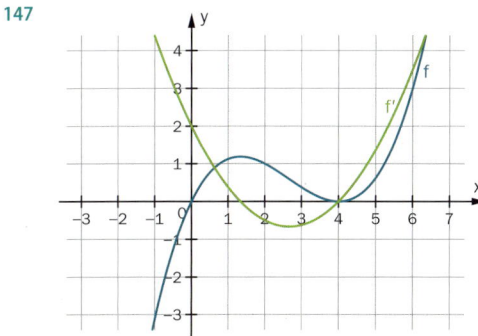

148 | | | x | x | |

149

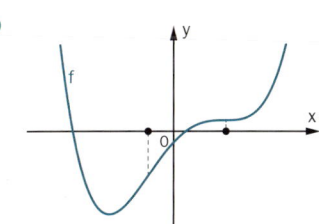

150 | | x | | x | |

151 | x | | | | x |

152 zeilenweise:

| | | x | x | |

153 $f'(x) = 3x^2 - 12x + 5, \quad f''(x) = 6x - 12$
$f'''(x) = 6$
Aus $f''(2) = 0$ und $f'''(2) \neq 0$ folgt, dass f an der Stelle 2 eine Wendestelle hat. Es gilt: $W = (2\,|\,{-6})$

154 $t_W: \; y = 9x - 7$

155 Die Gleichung $f''(x) = 6ax + 2b = 0$ hat genau eine Lösung $x = -\dfrac{b}{3a}$ und $f'''(x) = 6a \neq 0$, da $a \neq 0$ ist.

156 | x | x | x | | |

157 | | x | | | x |

158 In beiden Fällen ist der letzte Graph anzukreuzen.

159 | x | x | x | x | x |

160 | | | x | x | |

161 | x | | | | x |

162 Die Silvesterrakete erreicht nach etwa 2,8 Sekunden ihre Maximalhöhe von ca. 70 m.

163 | | x | | x | |

164 Schritt 1: Ermittle den Funktionsterm der ersten Ableitung $T'(t)$.
Schritt 2: Berechne die Nullstellen der ersten Ableitung $T'(t)$, d. h. die Lösungen t_1 und t_2 der Gleichung $T'(t) = 0$.
Schritt 3: Entscheide mithilfe der 2. Ableitung, ob an den Stellen t_1 und t_2 ein Minimum/Maximum vorliegt:
$T''(t_1) > 0 \Rightarrow T$ hat an der Stelle t_1 ein Minimum
$T''(t_2) < 0 \Rightarrow T$ hat an der Stelle t_2 ein Maximum
Schritt 4: Berechne den gesuchten Temperaturunterschied als Differenz der Funktionswerte: $T(t_2) - T(t_1)$

165 Ein Airbag löst genau dann aus, wenn die momentane Druckänderung einen bestimmten Wert a übersteigt.

166

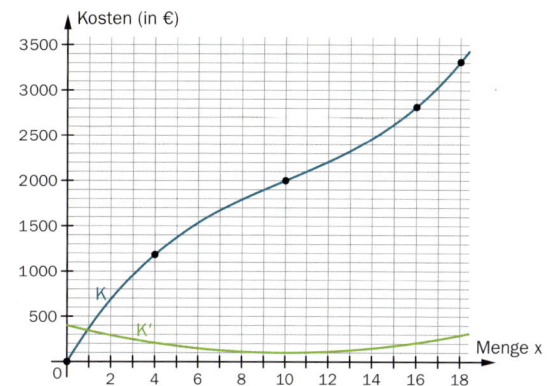

167 B C D A

168 | | x | x | x | |

169 | x | x | x | x | x |

170 $[-5; -2)$: streng monoton fallend
$(-2; 0)$: streng monoton steigend
$(0; 3]$: streng monoton fallend

171

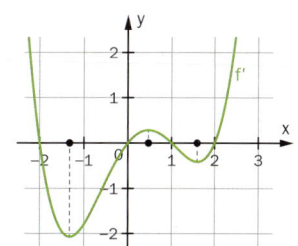

172 | x | | | | x |

173 | x | | x | | |

174 | x | x | x | x | |

175 | | x | x | | |

176

177 f hat an der Stelle $x = 1,5$ eine Wendestelle.
Anhand des Graphen kann man erkennen, dass $f'(1,5) > 0$ gilt.
Die Wendetangente hat also eine positive Steigung.

178 $x_W = 4$

179 | x | | x | |

180 | | x | x | |

181 | | | x | x | x |

182 | x | x | | |

183 $f(x) = x^2 + 1$

184 | x | | x | x | x |

185 $f(x) = -\dfrac{x^3}{2} + 6x$

186 z. B.

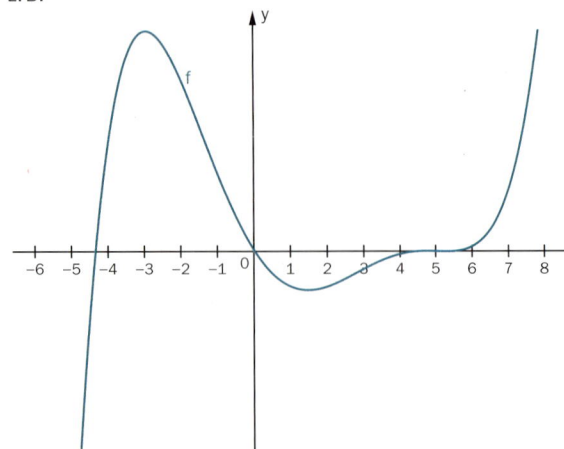

187 z. B.

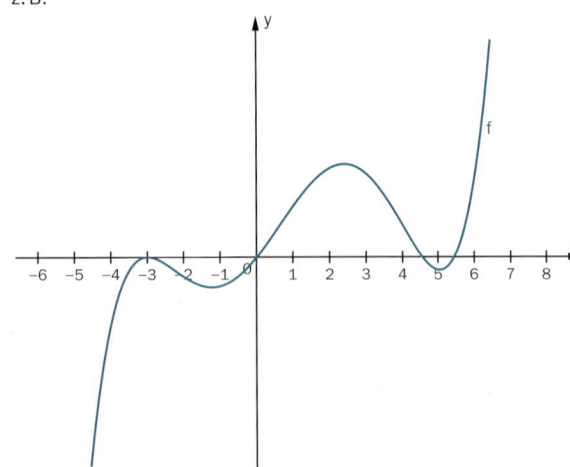

188 $a = b = 50\,\text{m}$

189 Hauptbedingung: $h(x, y) = x^2 + y^2$
Nebenbedingung: $x + y = s$
Zielfunktion: $h(x) = 2x^2 - 2sx + s^2$ bzw.
$h(y) = 2y^2 - 2sy + s^2$

Kapitel 4

190 $M = (1\,|\,-3\,|\,2),\ r = \sqrt{5}$

191 $M = (3\,|\,-1\,|\,0),\ r = 4 \cdot \sqrt{5}$

192 $k\colon\ (x - 3)^2 + (y + 4)^2 + (z - 1)^2 = 19$

193 $M = (2,5\,|\,1\,|\,4),\ r = 3,5$

194 $(x - 2)^2 + (y - 2)^2 + (z - 2)^2 = 4$

195 $(x - 1)^2 + (y - 1)^2 + (z - 1)^2 = 3$

196 | | x | | | x |

197 $y_P = -2$

198 $x_P = 6$

199 $r = 3$

200 $M = (3\,|\,-2\,|\,-4),\ r = \sqrt{10}$

201 D A E B

202 | | | x | x | |

203 | x | | | | x |

204 $M = (0\,|\,0\,|\,0),\ r = \sqrt{a}$

205 $M = \left(-\dfrac{a}{2}\,\middle|\,0\,\middle|\,0\right)$

206 | x | | | | x |

207 | | | | x | |

208 | x | | | x | |

209 $a > -40$

210 | | x | | | x |

211 A B E D

212 B A F D

213 $(x - 3)^2 + (y - 4)^2 + (z + 2)^2 = 45$

Kapitel 5

214 $f'(x) = -9x^2 + 26x - 14$

215 $f^{(4)}(x) = 0$

216 | | | | x | x |

217 $f'(x) = 3acx^2 + 2(ad + bc)x + bd$

218 | | | x | | x |

219 D B F A

220 | | | | x | | |

221 $f'(b) = \dfrac{3a^2b^2}{c} + a$

222 $E'(m) = \dfrac{v^2}{2}$
$E'(v) = mv$

223 C F A B

224 $k = -8$

225 $g'(x) = 2 \cdot f'(x) + 5\ \Rightarrow\ k_g = g'(5) = 2 \cdot (-3) + 5 = -1$

226 $f'(x) = 45 \cdot (5x)^2 + 18x = 1\,125x^2 + 18x$
$f''(x) = 2\,250 \cdot x + 18$

227 A B F E

228 | x | x | | x | |

229 | | x | | | x |

230 D B F A

231 | | x | x | | |

232 Fehler: Innere und äußere Ableitung wurden gleichzeitig, und nicht hintereinander ausgeführt.
Korrekte Ableitung: $f'(x) = 3 \cdot (3x^2 + 4x)^2 \cdot (6x + 4)$

233 $f'(c) = -\dfrac{3 \cdot (a^2 - c)^2}{2}$

234 $f'(b) = 24b \cdot (3a - 5b^2)^2$

235 B C A D

236 F B A E

237 | | x | x | | |

238 B D E C

239 | | | | x | x |

240 $f'(x) = \dfrac{-16x}{(2x^2 - 1)^2}$

241 | x | x | x | x | x |

242 C B A F

243 $k = f'(1) = \frac{\sqrt{3}}{2}$

244 | | x | x | x | |

245 B F A D

246 C D F A

247 $f'(x) = 3\cos(x) - \frac{\pi}{2}\sin\left(\frac{\pi}{2}x\right)$

   $f''(x) = -3\sin(x) - \frac{\pi^2}{4}\cos\left(\frac{\pi}{2}x\right)$

248 $s'(t) = -r\,\omega\sin(\omega t)$

249 $R'(\alpha) = \frac{v_0^2}{g} \cdot \cos(2\alpha) \cdot 2$

250 $L'(1) \approx 0{,}3$ l/s

251 | | x | x | | |

252 z. B. $f(x) = e^x$

253 E D A F

254 $f'(x) = \frac{1}{k} e^{\frac{x}{k}}$

255 $f(x) = -2 \cdot e^{x \cdot \ln(3)} \;\Rightarrow\; f'(x) = -2\ln(3) \cdot 3^x$

256 $N'(t) = N_0 \cdot (-\lambda) \cdot e^{-\lambda \cdot t} = \underbrace{-\lambda}_{k} \cdot N(t)$

257 $w'(60) \approx -0{,}075$ mg/min

258 | | x | |

259 | x | | |

260 F A D B

261 $x = 0$ und $x = 2$

262 $f'\left(\sqrt{2}\right) = -e^{\frac{1}{2} \cdot \sqrt{2}} \cdot \left(\sqrt{2}^2 - 2\right) = 0$ und

   $f''\left(\sqrt{2}\right) = -\frac{1}{2}e^{\frac{1}{2} \cdot \sqrt{2}} \cdot \left(2 + 4\sqrt{2} - 2\right) < 0$

263 | | | x | x | |

264 Die Funktion f hat an der Stelle a auf jeden Fall einen Hochpunkt, wenn $f''(a) < 0$ ist.

265 f' schneidet die x-Achse an der Stelle $x = 0{,}5$, daher ist $f'(0{,}5) = 0$. f' hat links von 0,5 positive und danach negative Funktionswerte, das bedeutet, dass f links von 0,5 steigt und danach sinkt.

Kapitel 6

266 $E = \{(1, 2), (1, 3), (1, 4), (2, 1), (2, 3), (2, 4), (3, 1), (3, 2), (3, 4),$
   $(4, 1), (4, 2), (4, 3)\}$

267 | | | x | | x | |

268 Der Drogenspürhund bellt bei der Kontrolle der 50 Personen mindestens zweimal.

269 Weniger als 16 von 24 Teil-1-Aufgaben werden richtig gelöst.

270 | x | x | | |

271 | | x | x | x | x |

272 Die Wahrscheinlichkeit erhält man erst, wenn man theoretisch unendlich viele Versuche macht. Die relative Häufigkeit für das gesuchte Ereignis „2 verschiedene Zahlen" war hier rein zufällig bei den ersten 500 Versuchen niedriger als die Wahrscheinlichkeit für dieses Ereignis.

273 Zwei Versuche sind zu wenig, um die Wahrscheinlichkeit für einen Treffer zu schätzen.
   Das große Gesetz der ganzen Zahlen besagt, dass die relative Häufigkeit nur dann als Schätzwert für die Wahrscheinlichkeit herangezogen werden kann, wenn das Zufallsexperiment sehr häufig durchgeführt wird.

274 B C E A

275 | | x | x | | |

276

$P(X = \text{'rot'})$	$P(X = \text{'blau'})$	$P(X = \text{'gelb'})$	$P(X = \text{'grün'})$
0,44	0,28	0,14	0,14

277 D F A C

278 $a = 2\,\%$, $b = 20\,\%$

279 | | | x | |

280 $P(X = 0) = 0{,}2$; $P(X = 1) = 0{,}2$; $P(X = 2) = 0$; $P(X = 3) = 0{,}4$;
   $P(X = 4) = 0{,}2$

281 | x | x | | |

282 $E(X) = 3{,}4$
   Sunny wird erwartungsgemäß 3,4 Katzenbabys bekommen.

283 | | | x | x | |

284 $E(X) = 3{,}85$

285 $E(X) = 2{,}2$

286 $E(X) = 5{,}5$

287 $E(G(X)) = -1{,}5$

288 $E(G(X)) = 0$

289 mind. 0,86 €

290 durchschnittlicher Gewinn $= \frac{77}{20} = 3{,}85$

291 Es sind Einnahmen von 1,80 € zu erwarten. Bei einem Lospreis von 3 € ist damit mit einem Verlust von 1,20 € zu rechnen.

292 2017:

Ereignis	Wahrsch. P	Gewinn g	$g \cdot P$
Preis (75 000 €)	$\frac{3}{1\,200\,000}$	75 000	0,1875
Preis (5 000 €)	$\frac{10}{1\,200\,000}$	5 000	0,0417
Preis (1 000 €)	$\frac{50}{1\,200\,000}$	1 000	0,0417
Preis (500 €)	$\frac{150}{1\,200\,000}$	500	0,0625
Preis (50 €)	$\frac{1500}{1\,200\,000}$	50	0,0625
Preis (10 €)	$\frac{15\,000}{1\,200\,000}$	10	0,125
Preis (5 €)	$\frac{135\,000}{1\,200\,000}$	5	0,5625
Preis (3 €)	$\frac{383\,426}{1\,200\,000}$	3	0,9586
Preis (2 €)	$\frac{664\,861}{1\,200\,000}$	2	1,1081
			3,15

2018:

Ereignis	Wahrsch. P	Gewinn g	$g \cdot P$
Preis (100 000 €)	$\frac{3}{1\,100\,000}$	100 000	0,2727
Preis (5 000 €)	$\frac{10}{1\,100\,000}$	5 000	0,0454
Preis (1 010 €)	$\frac{2}{1\,100\,000}$	1 010	0,0018
Preis (1 007 €)	$\frac{2}{1\,100\,000}$	1 007	0,0018
Preis (1 004 €)	$\frac{3}{1\,100\,000}$	1 004	0,0027
Preis (1 003 €)	$\frac{3}{1\,100\,000}$	1 003	0,0027
Preis (1 000 €)	$\frac{50}{1\,100\,000}$	1 000	0,0455
Preis (100 €)	$\frac{150}{1\,100\,000}$	100	0,0136
Preis (50 €)	$\frac{2000}{1\,100\,000}$	50	0,0909
Preis (10 €)	$\frac{29\,000}{1\,100\,000}$	10	0,2636
Preis (7 €)	$\frac{141\,000}{1\,100\,000}$	7	0,8973
Preis (4 €)	$\frac{342\,614}{1\,100\,000}$	4	1,2459
Preis (3 €)	$\frac{585\,163}{1\,100\,000}$	3	1,5959
			4,48

Der zu erwartende Auszahlungsbetrag liegt im Jahr 2017 bei 3,15 € und im Jahr 2018 bei 4,48 € und ist daher genauso wie der Lospreis um etwa 40 % gestiegen. Die Erhöhung des Lospreises um 2 € ist daher gerechtfertigt.

293

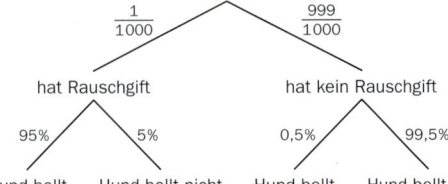

Wahrscheinlichkeit = 0,001 · 0,95 + 0,999 · 0,005 = 0,5945 %

294

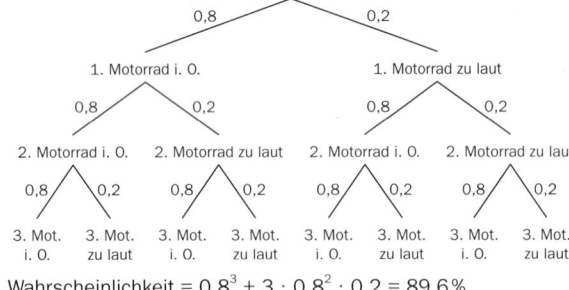

Wahrscheinlichkeit = $0,8^3 + 3 \cdot 0,8^2 \cdot 0,2 = 89,6\%$

295 $P(\text{Peter wird nicht ausgewählt}) = \frac{24}{25} \cdot \frac{23}{24} = 0,92$

296 Wahrscheinlichkeit = 75 %

297

298 Wahrscheinlichkeit = $0,1^4 = 0,01\%$

299

x	0	1	2
$P(X=x)$	71,6 %	26,8 %	1,6 %

300

$P(X=0)$	$P(X=1)$	$P(X=2)$
0,5195	0,4156	0,0649

301 Der Ausdruck gibt die Anzahl der Möglichkeiten an, aus allen Partygästen genau sechs Personen für das Spiel (unabhängig von der Reihenfolge) auszuwählen.

302 $\binom{49}{6} = 13\,983\,816 \Rightarrow$ Beim deutschen Lotto gibt es 13 983 816 verschiedene Tipps bzw. mögliche Sechser.

303 Es gibt $\binom{12}{3} = 220$ Möglichkeiten, drei der zwölf verschiedenen Sorten auszuwählen.

304

| | | x | | x | |

305

| | | | x | | x |

306

| x | | | | | x |

307

| x | | | x | | |

308 Die „Erfolgswahrscheinlichkeit" (= WS zur Stundenwiederholung ausgewählt zu werden) bleibt nicht konstant, da eine bereits ausgewählte Person nicht ein weiters Mal ausgewählt wird.

309 Der Wert gibt die Wahrscheinlichkeit dafür an, dass genau zwei der geprüften Bauteile defekt sind.

310 $P(X=2) = 0,4084$

311 $P(X=5) = \binom{8}{5} \cdot 0,93^5 \cdot 0,07^3 \approx 0,013 = 1,3\%$

Mit einer Wahrscheinlichkeit von ca. 1,3 % klagen fünf Personen weder über Kopfschmerzen, noch über Benommenheit.

312 $P(X \geq 5) = 0,0781$

313 B F A D

314 $1 - \left(\frac{82}{88}\right)^{25} \approx 0,829 = 82,9\%$

315 $P(X \leq 2) = 0,6778$

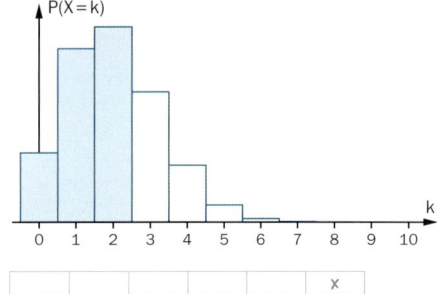

316

| | | | | x | |

317

| | | x | | | |

318 $E(X) = \frac{40}{3}$ und $\sigma(X) = 2,1$

319 $n = 500$

320

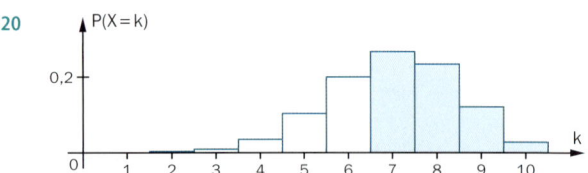

321

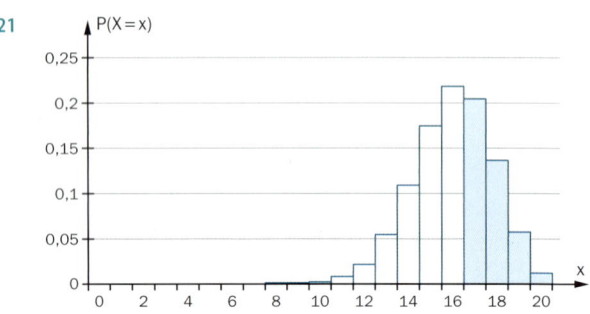

322 $\mu = 15$; $p = 0,6$; $\sigma \approx 2,4$

323 zeilenweise: E D   C A

Kapitel 7

324

| | | | x | x | |

325

| | x | x | x | x | |

326

| | x | | x | | |

327 Kostenfunktion $K(x) = a + bx \Rightarrow$ Stückkosten $k(x) = \frac{K(x)}{x} = \frac{a}{x} + b$ und Grenzkosten $K'(x) = b$.
Weil $\frac{a}{x} \to 0$ für $x \to \infty$, gilt die Aussage.

328 Bei einer Produktionsmenge von 30 000 Stück geht der degressive Kostenverlauf in einen progressiven über.

329 Bei Erhöhung der Produktionsmenge von 30 Stück auf 31 Stück fallen zusätzliche Kosten in der Höhe von rund 2,80 € an, d. h. die Produktion des 31. Stücks kostet ca. 2,80 €.

330 Betriebsoptimum: $x \approx 3,2$ Mengeneinheiten

331 Das Betriebsoptimum liegt bei 410,6 Mengeneinheiten.

332 Betriebsoptimum: $x = 5$ Mengeneinheiten

333 $\frac{\Delta p}{\Delta x} = \frac{p(80) - p(30)}{80 - 30} \approx -120 \Rightarrow$ Der Preis sinkt pro Stück durchschnittlich um ca. 120 €.

334 200 … Bei einem Preis von 200 € pro Stück wird das Produkt nicht gekauft.
40 … Auch wenn das Produkt verschenkt wird, kann man nur 40 Stück absetzen.

335

| x | | x | | |

336

| | | x | | |

337 F E B A

338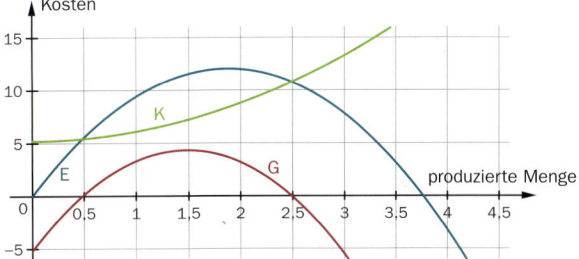

339
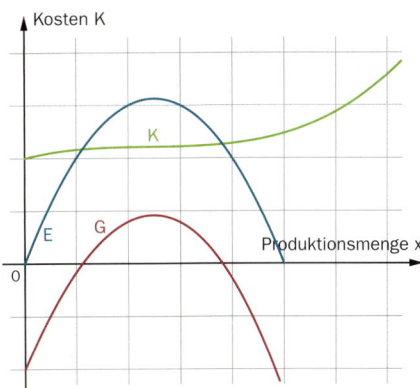

340

x			x

341

	x	x	

342

		x	x

343 Bei einer Produktion von 14 000 Stück sind die Produktionskosten gleich hoch wie der Erlös. Sie betragen 40 Mio. €.

344
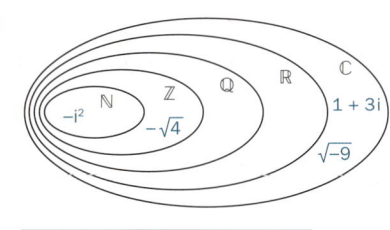

345 Der Break-Even-Point liegt bei einer Produktion von ca. 27 700 Stück.

346 maximaler Gewinn: 225 000 €

347 Gewinnbereich: $7 < x < 28$

348 Bei einer Produktion von 2 500 Stück ist der Erlös maximal. Er beträgt in diesem Fall 400 000 €.

349 $v(t) = -9,8t + 30$, $v(t) = 0 \Rightarrow t = 3,06$ s
Höhe $s(3,06) = 45,9$ m

350 $h'(2) = 44$ m/s
Die Kugel hat 2 Sekunden nach dem Abschuss eine Geschwindigkeit von 44 m/s.

351 $v(t) = 8 - 8e^{-0,5t}$; $v(4) = 6,92$ m/s

352 $v(t) = 40 - 40e^{-0,1t}$; $v(t) = 27,\dot{7} \Rightarrow t = 11,86$ s

353 $t_1 = 2$ und $h(2) = 20$
Der Ball erreicht nach 2 Sekunden seine maximale Höhe von 20 m.

354

	x	x	

355 Der Ballon steigt zwischen der 1. und 4. Fahrtminute annähernd gleichmäßig um 55 Meter pro Minute.

356 Zu jedem Zeitpunkt innerhalb der ersten 3 Sekunden nach dem Start des Bremsvorgangs ist die Momentanbeschleunigung des Fahrzeugs genau so hoch wie die durchschnittliche Beschleunigung im Zeitintervall $0 < t < 3$.

357

	x		x

358 Die Tageslänge nimmt bis zum Sommer hin immer weiter zu – zunächst langsamer, dann immer schneller. Sie erreicht nach etwa 175 Tagen, d. h. Ende Juni, ihr Maximum (knapp 16 h) und nimmt dann wieder ab – zunächst schneller, dann immer langsamer.

359 Nach ca. 14 min

360 Die Temperatur des Kaffees nimmt mit zunehmender Zeit immer langsamer ab.

361

		x	x

362 ca. 11 Stunden nach Beginn der Beobachtungen

363 Die Funktion w ist negativ gekrümmt. Die Wirkstoffmenge im Blut nimmt mit der Zeit bis zum Erreichen des Maximums immer langsamer zu und anschließend immer schneller ab.

364 Der Graph der Funktion f besitzt an der Stellt 30 die größte Steigung. $\Rightarrow f''(30) = 0$
30 Jahre nach der Auswilderung wächst die Population am schnellsten.

Kapitel 8

365 Es gilt: $(-4)^2 = 16 \neq -16$

366 $(10i)^2 = 100i^2 = 100 \cdot (-1) = -100$

367 $i^6 = (i^2)^3 = (-1)^3 = -1$

368 A C E B

369
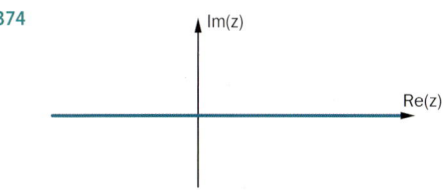

370

	x	x		x

371 Jede reelle Zahl ist eine komplexe Zahl mit Imaginärteil null: $r = r + 0i$

372

x			x

373

x			x

374

375

x			x

376

377

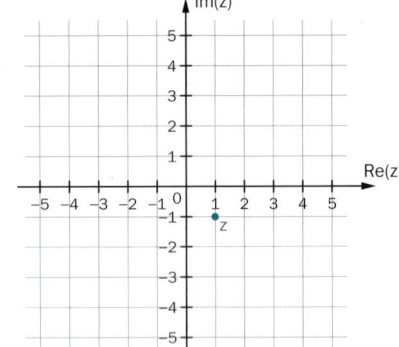

378

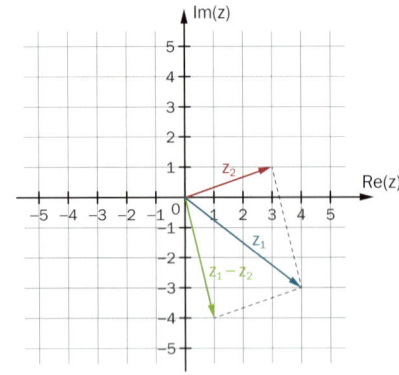

379

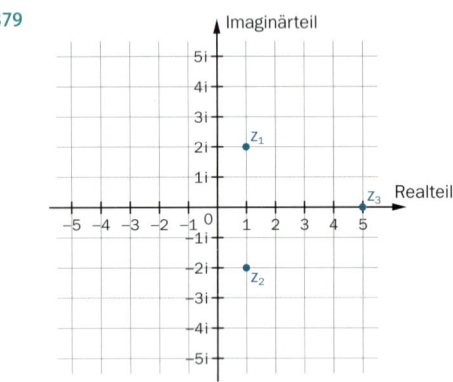

380 | | | x | x | |

381 | x | x | x | x |

382 $\operatorname{Re}\left(\frac{z_1}{z_2}\right) = \frac{1}{2}$ $\operatorname{Im}\left(\frac{z_1}{z_2}\right) = -\frac{5}{2}$

383 | x | | x | |

384 C D E A

385 | | x | x | |

386 A C F D

387 | | | | x | x |

388 B F E A

389 $(x + 3i) \cdot (x - 3i) = 0 \Leftrightarrow x^2 - 3ix + 3ix - 9i^2 = 0 \Leftrightarrow$
$x^2 - 9 \cdot (-1) = 0 \Leftrightarrow x^2 = -9$

390 $x = 1 \pm 3i$

391 C B A

392 | | | | x | x |

393 | x | | | x | |

394 C F A B

395 $c > \frac{81}{4}$

396 $a > 9$

397 | x | | | x | |

398 | | x | | x | |

399 Die Diskriminante in der kleinen Lösungsformel hat den Wert null. $\Rightarrow x^* = -\frac{p}{2} \in \mathbb{R}$

400 $(x + c)(x - c) = 0 \Leftrightarrow x^2 - c^2 = 0$ mit $c \in \mathbb{R}$, d.h. $p = 0$, $q < 0$

401 | | x | | x | |

402 z.B. $(x - (2 + 7i)) \cdot (x - (2 - 7i)) = 0 \Leftrightarrow x^2 - 4x + 53 = 0$

403 Wenn $2 + 3i$ eine Lösung der Gleichung ist, so ist auch $2 - 3i$ eine Lösung der Gleichung.
$(x - (2 + 3i))(x - (2 - 3i)) = 0 \Rightarrow x^2 - 4x + 13 = 0$

404 | | x | | x | |

405 | | | | x | x |

406 Zur Berechnung der Nullstellen muss eine Gleichung der Form $ax^3 + bx^2 + cx + d = 0$ (mit $a, b, c, d \in \mathbb{R}$, $a \neq 0$) gelöst werden. Da diese Gleichung zumindest eine reelle Lösung besitzt, weist die zugehörige Polynomfunktion zumindest eine reelle Nullstelle auf.

407 z.B. $(x - 7i)(x + 7i)(x - 2) = 0 \Leftrightarrow x^3 - 2x^2 + 49x - 98 = 0$

408 $L = \{0; 3 + i; 3 - i\}$

409 $z_1^3 + z_1^2 + 4z_1 + 4 = -8i - 4 + 8i + 4 = 0;$
$z_2 = -2i;\ z_3 = -1$

410 Lösungen: $0;\ 1 + 3i;\ 1 - 3i$
$x^3 - 2x^2 + 10x = x(x - (1 + 3i))(x - (1 - 3i))$

411 | | | | x | |

412 | x | | | | x | |